方集出版社

陳弘老師教您趨吉避凶好運旺旺來

後天派
陽宅風水

陳弘 著

推薦序

和碩科技經理

徐宇聲

　　聽聞陳弘大師兄將推出第一本著作，分享其多年在後天派陽宅的領悟，著實讓人開心，而邀請我為其寫本書序文，更讓我受寵若驚，在華碩電腦共事時候雖說是長官，但形容為好友更貼切，剛開始我並無與他有涉及五術的討論，只知其父親為後天派傳人陳紀瑞建築師精通陽宅風水，數年後經由師兄的引薦，2012年才有緣見到陳紀瑞老師本人，當時老師並未對外授課，僅僅教導少數親友，未具慧根的我卻懵懵懂懂的從天干地支開始學起，而身為大師兄的陳弘便順理成章成為我的最佳指導員。

　　我自小接受西方的教育，美國取得資訊科學碩士文憑後，只認定科學方法和邏輯裡論，二十年來在數間高科技公司中工作，研發製造無線通訊產品，本與風水之術無任何關連，卻因緣際會開拓人生中新的眼界，進入東方的知識奧秘風水之術，學藝不精的我，惶恐將老師的教導誤用而產生不好的結果，故謹將其使用於自身的陽宅，也藉此一機會分享大家，說明後天派風水的奧秘。

　　目前居住的房子，是超過三十年的透天三層樓房，父母住一樓，而兩兄弟住二樓，三樓為書房及客房，前幾年工作順利求學順利，生活亦平平穩穩，直到本人婚後，弟弟將房間搬至於三樓，一年後即因車禍離開人世間，自跟隨陳紀瑞老師學習後，便請大師兄陳弘親臨寒舍，並仔細觀察丈量，以後天派理論論之，一樓格局延年格局，人財旺但大門為單山，僅可強十年，之後運勢就會平平，果然父親的前十年工作順利，並將隔壁另一塊土地收購，二樓天醫格局尚可，三樓為五鬼格局（兌）理當不可為房間使用，與後天派結果不謀而何，若能早些時候習得後天派也許可避免此一憾事，與師兄仔細討論後，依序將一樓大門修改，隔年再針對二樓內五行調整，三樓則安排為書房工作室，至今工作順利家庭和樂，就在隔年 2017 年本人如願考上臺灣大學 EMBA，而女兒亦在 2018 年如願進入心中所嚮往的大學就讀，小兒子也將在足球運動中發展出一片天，驗證了後天派的強大力量。

　　陳紀瑞老師教悔不只是風水學的認識，更是心存善念及對於天地萬物的尊重，而後天派的強大在本人身上的親身驗證，深得真傳的入室弟子陳弘大師兄在老師的認可中將其豐富經驗著作分享給大家，本書前半段介紹中，詳細說明後天派的由來及許多實例驗證，讓人嘖嘖稱奇，後半段則說明後天派的基本論法及使用，後天派風水博大精深，藉由此書進入此一世界是最佳的入門選擇，真心推薦此書，更期待陳弘大師兄下一本著作的來臨。

瑞天開發

全茂建設　總經理　陳台昀

　　我父親與陳紀瑞老師是大學同學,父親在十多年前過世,父親生前跟陳老師是好朋友,都是與世無爭,日子開心平穩就覺得幸福,但是在過世前交代我一定要跟陳老師學習後天派陽宅的學問,所以在陳紀瑞老師門下當學生學習,也剛好與陳弘師兄同時一起上課學習。

　　在學習的過程當中,慢慢的了解後天派陽宅理論的奧妙,同時也幫自己住家做了調整,逐漸的改變了我的人生。

　　我本從事建築業,原本是幫建設公司老闆開車並兼當打雜小弟,日子過得辛苦勤奮,住家經過陳紀瑞老師的指點,調整過後,我一路受老闆的信任與提拔,目前是建設公司總經理,原本的老闆變成我的合作夥伴。

　　後天派的理論是一個大磁場理論,把陽宅調整到一個良好磁場的狀態下,身體變得健康,思慮變得清晰,做重大決策時不會誤判。人生總有幾次面臨重大抉擇的轉淚點,我何其有幸能在後天派的庇蔭下,總是做了正派、看似愚笨的正確抉擇,才能一路扶搖直上!

　　陳弘大師兄出書,能讓更多的人了解後天派的博大精深,跟幫助更多的人,我在此以我的人生經歷驗證,推薦陳弘大師兄的書籍,讓更多人能體會後天派陽宅理論的強大力量!

陳台昀

政治大學資訊科學系

張家銘助理教授

　　會接觸到後天派陽宅得從我太太說起。打從她上過風水家教課以後，說到房子，開始有「仙阿」的堅持，拿著羅盤在屋子四周踩踏、神秘兮兮拿出筆記仔細盤算，問她怎麼一回事卻笑笑回答不可言說不可言說，加上她提起過實習時的神奇印證，再再讓我好奇心大起。

　　等到陳紀瑞老師終於對外授課，三個多月的課程，發現陽宅吉凶的論斷，彷如程式般一行一行有條理的規則，在不同的層次中展開。從大的房子位向與門開始配宅主，八八得六四種吉凶組合，再細一層進門後，看各個小空間開門，配之陰陽五行論健康，空間再配予另一個時間軸向斷運勢。後來我知道，陳紀瑞老師不只精通後天派風水，其他五術如：擇日、八字、易經、中醫、姓名學等都有涉獵，因此一門博大精深的學問，在老師庖丁解牛地解析中輕鬆推展開來，相關的知識補充也適時解答學生們心中的疑惑，過程中老師無私地分享，讓我充分享受架構知識的樂趣，更難得除了學問本身，老師用身教、實證，強調心存正念以及嚴謹看待每一個案例的態度，都讓我備感有幸，有這樣德性知識兼備的老師領我入風水知識之門。

　　不過風水絕對是一門實證的學問，如果上課是知識的骨架，那麼實證就是知識的血肉。陳紀瑞老師自身用千百則的案例來印證了這門知識，陳弘師兄在精進這門學問上也很有乃父之風，對於看案例、拿著案例跟老師討論一直沒有間斷過。聽聞陳弘師兄受到老師認可，要出書分享著實令人振奮。在書中陳弘師兄以後

天派為出發點，破除坊間許多風水迷思，在後半段進而介紹後天派理論架構，更寶貴的是書中有多則案例，是陳弘師兄親身親歷，可看到後天派實證上的可用性，真心推薦所有想入門/精進風水這門學問的讀者，不管您想要利用這門學問來趨吉避凶，或者想要習得一門有古老歷史的學問。

張家麟

陳紀瑞建築師

陳紀瑞建築師筆-20190316

「易經」是周朝五經，當時讀書人必讀「書、詩、禮、易、春秋」之一，漢代以後成了選讀的書，由易經發展出來的五術「山、醫、命、卜、相」，大都以師徒的方式來傳承，後天派的堪輿學亦是如此。

「堪輿」是恩師——李胡山老師的家傳，從前清胡老先師傳受算起，恩師是第五代，恩師在家鄉有結婚，育有一女，在臺灣五十多年間，無家眷無子女，晚年時恐斷了傳承，萌傳授之意，我有幸得以拜師研習，由於恩師和我同住士林區，追隨恩師八年多，每星期二至三次到老師家受教，逐漸領受後天派陽宅的精髓。

學習任何學術，要達運用自如，都必須經過多方實習，反覆細心印證，方能鑑定所學理論之正謬。尤其是堪輿學，經數千年的傳遞，各種派別學說林立，許多人參學數門派，如果沒多年的自我體證，確認所學，常會陷入迷霧中，無所適從。拜在後天派的門下，更能理解遇見名師，指引迷津，找到方向，才能有所成就。因我是建築師，只要有人請恩師看陽宅，陪他老人家我成為必要的最佳人選，讓我得天獨厚有實習機會。

先師李胡山老師，在世時收了三十多位入室弟子，大都個別教學。普通學生只在桃園開了一班，該班上課是由我代講，先師全程在旁督導。爾後先師在世時常囑咐我要開班授課，期間我也開了一班，先師逝於西元二〇〇二年，我一直沒有主動對外公開招生。但是只要有心有緣者來求教，我都願意傳授，都是個別教

學，兒子陳弘也在這種情況下跟著學習。只在西元二〇〇四年，
應臺北保安宮史蹟解說老師的要求，開了一班，西元二〇一三年
兒子陳弘看陽宅有些心得，想用心精進再學，找來了各方親友，
開了一班。

　　西元二〇一六年我滿六十五歲，重起開班收學生，兒子陳弘
幫我成立網站，隨堂當助教，聯繫舊生等替我解勞，迄今連續三
年。上課除了陽宅理論外，也描述了些先師李胡山老師的生平事
蹟，更鼓勵學生們要多看多分析，從自己的親朋好友家開始，藉
由對親友的認知，才能體驗後天派陽宅的準確度，進而了解陰陽
五行的變化與奧妙。就如同醫學院畢業的醫生，也要經多年的臨
床，累積經驗，用心診療，才能成為名醫。幫人看陽宅更需要借
由各種不同方位、隔局、變化，精確運算，累積案例，追蹤核
驗，方能有所體會陽宅的能量。

　　兒子陳弘，讀理工電機的科技人，從國中我改自家陽宅，親
身體驗改陽宅後的影響，發現這不可思議的能量，進而潛心學習
後天派陽宅，至今十多年來，如實繪圖記錄了一些陽宅個案，和
他個人的心得，決意與大家分享，書中還特別記錄了先師李胡山
老師的事蹟，讓世人更能認識後天派的傳承，也算是幫我略盡報
師恩的一種方式，身為師為父的我，樂見其成，書成付梓之際，
提筆數言，聊表心意，但願陳弘百尺竿頭更進一步，也願讀者從
書中能汲取獲益。

陳紅瑞

前言

　　多數人都認為風水是迷信，尤其是唸理科或是相信科學的人。恰巧我和家父都是理工背景出身，父親是領有證照的建築師，我則是交通大學的電波組碩士，對我們這種背景的人來說，很難相信沒有根據的說法。

　　然而，就在因家父的影響，開始接觸後天派陽宅的理論之後，我一改以往對風水所抱持的的看法，我發現風水並非只是單純的門對門、穿堂煞、對角煞……，而是複雜的算術邏輯，演算後得出的結果也非常科學，經得起反覆驗證。

　　我很幸運能有這個機會，把自己所知的後天派陽宅理論及所有相關知識寫成一本書，作為我人生的里程碑，並為後天派前輩先人的事蹟做一個紀錄，流傳給後代子孫，同時，也讓讀者知道，世上還是有很多未知領域值得探索。

　　對五術有興趣，並且鑽研已久的先進們，可以藉由此書，一窺後天派陽宅縝密的理論基礎。

　　而對風水有興趣的朋友，也可藉由此本書，深入淺出的了解坊間對風水的解釋，以及後天派陽宅所講述的吉凶。

　　使用後天派陽宅理論來更改房子格局，可能沒有辦法讓人增加難以想像的財富、地位，但是透過後天派陽宅的理論來更改格局的力量，可以帶來好的運勢，縮短人生目標的路徑，幫助人搬開人生道路上的阻礙，幫助您的身體更健康，身心更和諧，家庭

更和睦，這些事情，是金錢難以買到的事情，無法單單用價格來
衡量，書中有非常多的實例，包含講述本人家庭受益的經過。

　　此本書的內容希望用最簡單的文字，詳細的內容，帶給您不
一樣的風水知識，讓您了解後天派陽宅的奧秘，可以幫助人趨吉
避凶，好運旺旺來。

陳弘

目 次

第二章　風水是邏輯運算學

第三章　請錯風水師，無法改善風水

第四章　買房、租屋前必知的風水基本常識

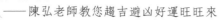

第一章

風水，風水

我和風水結緣的經過

　　我大學唸的是私立淡江大學電機系，研究所讀的是國立交通大學電信所，從二〇〇二年便踏入科技業，曾在華碩、和碩、光寶等公司任職。

　　因所學之故，我一出社會就擔任射頻研發工程師，對邏輯與科學的認知，堪稱非常精準，少有偏差，同時，也因為理工背景的關係，我對風水、宗教，或沒有根據的事，總是抱著懷疑的態度，因為我認為萬物都有根源，理論也都有依據。

■ 峰迴路轉的求學歷程

　　那麼，我是如何接觸到後天派陽宅呢？一切都要從我幼年時代說起。小時候的我不太愛說話，父親是建築師，工作很忙，週末經常要去工地趕工程。偶爾，我會在週末跟著父親去工地，無聊的時候，也會釘幾根釘子在木頭上，看起來似乎有些創意，跟父親一起工作的木工師傅都說我「從小就有建築天分，像個小小建築師」。

　　建築是個很辛苦的行業，還記得小學時，父親每天早出晚歸，我晚上睡著了，他才回家，我早上去上學時，他還沒起床。父親也曾被倒過帳，工程做完了，但對方卻不願意付尾款，以致有人來家裡討要工程費，父親必須要很努力的再接其他工程來支付這些工人的薪資。當時的我不是很聰明，在學校的成績也一直

不是太好，在班上大概都排在二十至三十幾名（當時一班大約五十人）。

我國小時不喜歡吃東西，一餐最少要吃一個多小時，也覺得食物不好吃，因此小學時常被叫到講臺上吃飯，一直吃到午休結束，便當還沒吃完。我曾問過身邊的同學：你覺得便當好吃嗎？多數同學都說好吃，讓我內心覺得很不可思議。也因為吃得不多，導致我的身體比較虛弱，父親也因為工作繁忙，很容易火氣大，經常嘴破。總而言之，在我國中以前，不管是家裡的經濟，還是身體狀況，都不算太好，需要非常努力。

我上國中後，父親開始改變家裡的格局。我知道父親當時已經開始學習風水，所以他修改了家中大門的位置、廁所門的位置，以及房間門的位置。說也奇怪，大約半年之後，我的胃口居然慢慢變好，吃飯變快了，也覺得東西好吃。除此之外，我的成績也慢慢開始進步，從二十至三十名，進步到十幾名，甚至是班上前十名，最後我還考上了成功高中（當時是臺北市第三志願）。

我大學唸的是淡江大學電機系，但我沒有太認真讀書，一直在玩社團，每個學期都有一個科目被當掉，只能說我是「社團系，電機社」的學生。

我唸大學時，父親曾經開過後天派陽宅風水的課程，他叫我也一起去上課，但那時我忙於社團，而且陽宅需要學天干、地支、金、木、水、火、土等許多元素，我無法吸收，才上了四、五堂，就跟父親說，「我上不下去，都聽不懂」。我那時對風水的認知是，這是一門很深、很難懂的學問。大三那年，家裡買下附近一間一樓的房子。當時，父親就有改過新家的格局，希望利用風水，讓家裡變得更好。我當時想考研究所，努力了一年多，居然就順利考上了交通大學的電信所，而且我發現父親在工作上也不再像以

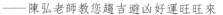

前那麼辛苦，家中的經濟雖然不是非常富裕，但是一切平順。在那個時候，我便知道「風水」確實是可以改善家中的狀況。

■ 父親的啟蒙——走進後天派陽宅的世界

　　二〇〇二年出社會工作後，我常聽父親說一些有關於風水的事情，包括哪一家的男主人或女主人會如何，哪一家的風水會對健康造成影響，又會有怎麼樣的運勢。學理工的我開始想要知道「為什麼風水會對於居住在裡面的人產生影響」。家父從二〇〇四年開始教我後天派陽宅與八字命理，讓我了解老祖宗的邏輯運算是真的可以運用在人的身上，而且它是科學的，有數理背景的人會比較容易學會。在這十幾年間，我運用了後天派陽宅與八字命理買了房子、娶了老婆，並且生了兩個兒子。

　　自從我學會後天派陽宅的系統，我大量的看房子，至今已經看了數百間，保守估計，準確度超過九成，這讓我更加確定陽宅的確會影響身體、錢財和子嗣。

　　之後我也幫助一些朋友選房，結果，他們住進去後，在工作都有很好的發展，年薪也跟著三級跳。當然，我也想幫助所有不管是在事業上、愛情上或身體健康上遇到困境的朋友。

　　跟老婆結婚時，我們曾經討論，希望生兩個孩子。結婚後，我們住在板橋的房子，兩個多月後，老婆懷孕了，我跟她說會生男生，果然一如預期生了個男孩。之後，因為白天需要父母親幫忙照顧小孩，於是我們搬回士林，數個月後，老婆再度懷孕，我又依照後天派陽宅的理論預測，認為這次應該還是男孩，而且皮膚會比大兒子還要黑。結果，老婆果然又生了個男孩，皮膚真的比大兒子出生時還黑。我又預測大兒子因為住在板橋的房子，個

性會比較活潑，老婆在士林懷孕生下的次子應該比較會念書，當然這些就必須等十年後才能印證是否準確。

■ 家父如何習得後天派

因為父親的工作是建築師，他看過數千間房子，驗證超過一千間，也確認後天派準確度超過九成。我學習了十多年，確認後天派陽宅的理論縝密，邏輯清楚，運算複雜，絕不是一般人光靠著看書就可以有所領悟。

家父是建築師，從我小時候開始就忙於工作，常常要去工地確認工人的工程進度，是否按照設計圖進行。說到這邊，或許有人會說「很多建築師或設計師都要懂一些風水」。但實際上，風水跟建築設計是兩件事情，設計建築如果按照風水的理論去設計，排水系統的管道會多好幾組，這個在現今集合住宅的建築設計上不太可能達成。

父親會接觸到風水，是因為他還沒考上建築師時，曾在金寶山當墓園設計師，那時父親認為，既然工作跟墓園有關，應該多少要對風水有些了解，所以就跟當時最有名的風水老師——王德薰老師學習風水，持續學了三年多，直到王老師往生。

當時家父了解，根據陽宅風水理論需要「配命」來安排房子的格局，也就是說要按照個人的生辰八字來搭配居住的陽宅，進行格局的配置。東四命需要住東四宅，西四命需要住西四宅，但母親和父親的命，剛好一個是東四命，一個是西四命，所以不知道我們家該按照誰的命格去改房。如果依照父親的命格更改房子的格局，母親的心理應該不會太舒服，身體可能也會受到房子的影響而變差，但如果依照母親的命格改房子，父親受到房子的影響

運勢變差，那家庭的經濟支柱受到影響，這個對於更改房子的格局也喪失意義，所以家父也就沒有依照配命的理論去更改家的格局。

　　直到父親學了後天派的陽宅，才在我國中時更改家裡的內部格局。後天派陽宅是李胡山老師傳授的，後天派是「**太公蘊奧之術」，故奉姜太公為祖師爺，強調陰陽，注重五行**。中間的故事會在後面的章節敘述。

■ 如何用後天派陽宅戰勝命運

　　自從學習陽宅風水之後，我聽父親講過很多關於後天派的真實故事。為了不讓這些真實故事在口耳相傳的過程中失真，甚至失傳，我決定著手寫這本書，把這些真實的故事記錄下來，流傳給後世子孫，讓大家知道，陽宅風水確實會影響居住在裡面的人，包含錢財、健康、生育男女、家庭相處的狀況。

　　另外，我也希望有緣份看到這本書的讀者，可以改變對風水的既有概念，很多人認為所謂風水就是在家裡擺設一些蟾蜍、貔貅、龍龜、麒麟、聚寶盆、噴水池、魚缸、水晶、龍、虎、獅、十二生肖等吉祥物。也有些人覺得房子掛上自己的名字後，這間房子的吉凶就會影響自己的未來。但是以後天派陽宅理論來說，只要不住在房子裡面，就不會受到房子的影響，最重要的是居住的格局，陽宅風水只會影響住在房子裡面的人，住得越久，越容易受到陽宅格局的影響。

　　因為父親的關係，所以我也學了八字命理，因為已經有了陽宅的基礎，所以我八字命理學得特別快。父親的八字課一共開了三班，加起來有超過三十個學生，在這三個班級的八字命理課中，除了本來就有命理基礎的學生之外，只有我有完全學會，目

前我看過並留有紀錄的八字，已經超過五百筆，很少有人可以走出自己的運命，大部分人都是按照命運的起伏在走自己的人生，除非本身看了大量書籍，並運用這些知識改變自己，但是這樣的人非常少，真的只有非常少數的人可以超越上天給的命運。

很多人問，為什麼同一天、同一個時辰出生的人命運會不一樣？這是因為出生的國家不同、家庭不同、生活周遭的環境不同、受的教育不同、朋友不同、佛家講的因緣也不同，所以命運才不一樣。但是，這些同一天、同一個時辰出生的人命運的起伏大致也會相同，譬如說，某個身為公司老闆的人，今年賺得比去年多，其他和他同一天出生的人，如果是當公司的職員，今年就會比去年好，如果是路上撿回收用品的，今年會撿到的東西也會賣得特別好。

其實命運很難改變，就像是圖1-1的人生九宮格，每個人的

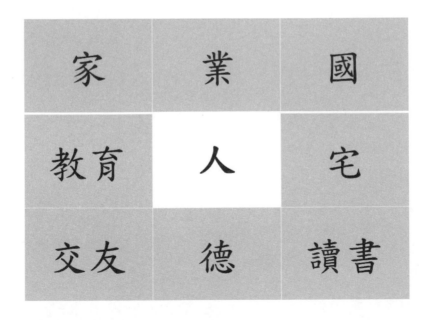

■ 圖1-1　人生九宮格

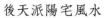

國家、家庭、父母，都是沒有辦法選擇的，若依照佛家的說法，就是個人的業力，有些生下來就無法改變，只能靠往後的教育、讀書、交友、自己的修煉……，當然還有「陽宅」的力量。俗話說「一命、二運、三風水、四積德、五讀書」，意思就是藉由陽宅的力量，可以加強運勢，讓一個人有所成就。

　　房屋陽宅會對居住者造成的影響，一是健康、二是錢財、三是子嗣。我學習後天派陽宅以來，見證過很多案例，後天派陽宅的理論是老祖宗流傳下來的科學邏輯運算，如果你相信數學、相信邏輯、相信運算，那你一定會相信後天派陽宅。

李胡山師公的故事
——後天派第五代真傳

　　李胡山師公家族流傳下很多故事，因為怕這些故事會因為口耳相傳而失真，我想把李胡山師公的真實事蹟記錄下來，讓後代子孫有個依據。

■ 後天派的由來

　　師公本名明閣，字胡山，李師公的家族，從爺爺的爺爺的爺爺……就已經是風水地理師了。自漢唐以來，有名的地理師因為要離開皇族，以免被殺害，很多人都跑到了雲南，所以故事要從雲南開始說起。

　　後天派的第一代祖師就是從雲南搬到山東即墨縣荊疃村，然後在山東遇到了前清中葉的胡老先師，從胡老先師得到後天派真傳。胡老先師擔心後天派獨門絕學年久失傳，特地留下十六字偈語：「呼風喚雨，山海奇觀，原水長流，山河一家。」做為傳世印證。從此之後，李家便有《後天陽宅必應》一書，此為後天派的第一代，李胡山師公為第五代，師公的字號「胡山」就是由此而來。李師公在世時都會對學生說，他的爺爺每年都還要回雲南收租金。

■ 李胡山為後天派第五代唯一傳人

　　師公常對學生說：五術是家傳，尤其以「堪輿」最為精通，家族中的男孩有義務要傳承家學。師公生於民國七年，他從八歲開始學習後天派，家族中只有李師公的父親會後天派的堪輿。由於後天派是家傳，所以家族小孩需要一起學習，李胡山師公的爸爸（李胡雨），為家族的孩子授課，共有十多個小孩一起學習。

　　後來，因為這門學問枯燥且深奧，都是邏輯算術，加上李胡雨師祖可能也太嚴格了，再加上那些天真的孩童感受不到後天派的重要性，久而久之，多數小孩逐漸喪失學習的動力，但李胡雨師祖囑咐這是家學，一定不能斷，而師公是長子，必須傳承。最後，只有李師公一人跟著他的父親學習八年多，把後天派的陽宅與陰宅精髓都學到手。

■ 李師公家族神奇的「時卦」

　　李胡山師公的家族不只會後天派堪輿，也懂得八字命理，師公的舅舅會「時卦」，「時卦」就是依照當時的時間推算出發生的事情，以下便是師公說過的真實故事。

　　師公的舅舅是公安，比對臺灣的職業，就是派出所的所長，或警察局的局長。有一次，有人到局裡報案時，師公的舅舅看了看當時的時間，再搭配報案的人走來的方向，便對他說：「你的牛走失了，對嗎？你去某某方位，便找可以找到走失的牛。」來報案的人朝師公舅舅指點的方向尋找，果真找到走失的牛。

◼「陰宅」風水所創造的傳說

李師公家的陰宅風水也非常奇特。因為家族中只能有三十六個男丁，所以只要當年有男孩出生，家族裡的長輩就會擔心，今年是否有人要離開人世。

當時，李師公祖先的陰宅並不是在最好的穴位，但是村莊的其中一個家族是在最好的穴位，區區幾年內，那個家族一共生了八個兒子，並且家族興旺。

只可惜他們不懂風水，所以在家族最旺的時候移動祖墳，並且決定要風光下葬在自己認為更好的地方。待這個望族移了祖先的穴位之後，家道便開始衰敗、一敗塗地，這再度說明了風水的重要性。

師公在講這個故事給家父聽時曾經說道：根據山東的習俗，下葬時會放白米在墓穴裡，移祖墳當天，之前下葬放的白米居然是熟的，並且是溫的，一個幫忙抬棺木的小夥子看到那些米已經熟了，就把他吃了。後來，吃了那些米的小夥子即使在下雪的冬天，也是穿著短袖衣服，完全不怕冷。

◼ 五術家族巧妙躲過文革的迫害與戰亂

李胡雨師祖在國共戰爭時，他把當時在家裡打工的農民和佃農都請回他們自己的家裡，不讓他們繼續耕種，任憑家裡的農地荒廢，當時，大多數的人都不知道李胡雨師祖為什麼不讓佃農繼續工作，讓家中持續有收入。到了文革時間，家中的長輩都安然無事，沒有被鬥爭，那時家中的人才恍然大悟，李師祖當時做出不讓佃農繼續工作的原因。

國共戰爭時，李胡雨師祖讓家裡的四個男孩分散到中國的四個地方，不要住在一起。師公是老大，他隨著中國國民黨輾轉來到了臺灣、師公的二弟到了青島、三弟留在老家、師公的小弟從軍。在師公過世時，師公的三個弟弟都還在人世間，儘管中國發生戰亂，他們一家人都得以倖存，真的是一個非常厲害的五術家庭。

■ 粗茶淡飯的臺灣歲月

師公約於十六歲離家到外工作。民國三十八年，師公在家鄉縣政府上班，隨國民政府來到臺灣，他本來不屬於軍隊，但是來臺灣後，政府把師公收編到軍隊中。

在臺數年，不知道是否水土不服還是有其他因素，師公於四十多歲的壯年罹患嚴重的胃出血。為了養病，他只好申請退伍，成了國軍退除役官兵。退伍後雖仍領有俸祿，卻無法支付生活醫療開銷，於是，他開始學做生意，批果菜在市場販售，幾年下來也存了錢、買了房子。沒想到住了幾年後，師公宅心仁厚的為同鄉好友作保，最後落得自己的房子都沒了。師公在臺並無家眷，當時又值壯年，心想不如就找份薪水固定的工作安穩度日，於是他去應徵一上市公司的工廠大門警衛，一做十五年，直到退休。

■ 家父貼身向李胡山師公學習、請益

一九八七年十一月，政府開放民眾回大陸探親。李胡山老師思鄉心切，因此於隔年初的冬天返鄉。回到久違的家鄉，最開心的是四兄弟俱在，最傷心就是《後天陽宅必應》及其他相關書籍

於文革時被燒燬。當時正是下雪的嚴冬，久居臺灣的李胡山師公因無法適應家鄉的氣候，也無法承受失去家傳古籍的悲痛，提前抱病返臺。

回大陸探親前，師公已收了六位弟子，本想只傳此六人，但人算不如天算，回臺休養數年後，在將近八十歲時，師公又憶起「呼風喚雨，山海奇觀，原水長流，山河一家」這十六字偈語，因為不想看後天派絕學在他這一代失傳，他再次啟動授徒之心，在機緣成熟下，師公定了拜師規章，家父陳紀瑞建築師就是在這樣的機緣之下，於一九九四年拜李師公為師，學習後天派陽宅。

家父跟隨李胡山老師學習的八年多期間，每回李老師應熟人之邀看陽宅，大多由家父開車載老師一同前往，一來是因為兩人住得近，二來是這種實習的機會非常難得，再加上家父是建築師，與人溝通房舍問題時也會比較容易。

家父曾問李胡山老師：「為何不熟的人請您看宅您都不去？」李老師說：「出門離家的時候，父親特別叮囑，除非無以糊口，否則不可運用家學去賺錢。」因此，這些年來，家父也與李老師秉持相同的原則替人看陽宅。

父親跟李老師學習後天派陽宅時，我還是國中生。當我接到李師公打到家裡的電話時，我幾乎都聽不懂他在說什麼，因為師公的山東口音太重了。不過，正也因為如此，所以很好辨認。等父親一回來，我就會跟他說，李老師打電話來了，請您再回電話給老師吧！

■ 李師公調整陽宅時所發生的怪奇現象

李胡山師公在世時沒有改過太多陽宅。在他改過的少數陽宅

中，有一間是師公鄰居的房子，裡面住有兩姊一弟，這兩姊一弟當時都已經過了適婚年齡卻還沒有婚嫁。幫他們改過大門後，師公說半年內應該會有改變，果然，在半年之內，姊弟陸陸續續都嫁娶了，這正是後天派厲害的地方。

當時大約是一九八一年。後來，姊弟其中的弟弟也來跟師公學風水，且學了許多年。這位師伯目前已七十多歲了，且還跟家父有聯繫。

■ 從兩個例子看後天派陰宅的龐大威力

陰宅二字，光看文字本身，感覺似乎帶了點鬼片的氣氛。其實，陰宅看的正是墓地，陰宅會影響一整個家族，前文中提到李胡山師公的家族會維持三十六個男丁，就是陰宅的力量。

家父曾說，李胡山師公生前看過的陰宅非常少，在此，我分享兩個師公看過的陰宅案例。

這兩個例子都是師公的徒弟請他幫忙看的陰宅。

其中一個例子與我的師伯有關。我師伯（我稱呼師公的徒弟為師伯）在金山買了一塊地，想將過世的親人遷葬，所以請師公確認。後來，他依照師公的指示，把墓碑立起，方位、方向都按照後天派立向。

師伯有一個開工廠的好朋友，當時，剛好也在找風水地，於是師伯就把朋友想找的地安排在他家墓園旁邊，且墓碑方位也立的跟師公指示的一模一樣，然後再請師公來確認。師公到了現場只說師伯要四年以後才會發達，師伯的朋友四個月之後就會開始發達，不過師伯的陰宅風水會比較旺比較長久。果然，師伯的朋友在一年之內由本來的一家工廠擴張成三家工廠。

另一個案例是我的師姑。當時她請人遷葬祖墳，做好陰地之後一個月，師姑的父親跟弟弟就被員警逮捕，她哭著去找師公求救。師公到墓地現場確認後，便叫師姑把墓碑拆下，同時說道：應該一個月內會有消息。他也告訴師姑正確的座向，並指示三個月後才能按照指示的方向將墓碑立起。

果然，不到一個月，師姑的父親跟弟弟都被釋放了。但是，因為中國人向來尊重祖先，所以師姑當時沒有聽師公的話，不到三個月就把墓碑立起來了，立碑後，師姑的弟弟又被員警抓去。很可惜如此深厚的後天派獨特陰宅學問，師公的眾多弟子並沒有將它傳承下來。

家父常說，李胡山師公在世的時候很少幫別人看宅，因為幫別人調整之後，大部分人在自己獲得成功，或事業有成時，都會覺得是自己的努力，而不會將成功歸因於調整陽宅的功效。此外，師公幫別人看宅、進出別人的房門時是不脫鞋子的，這表示他幫別人看陽宅風水時心是純正的（不脫邪）。

■ 烏紗帽蓋頭與全球金融危機

父親說，師公在往生前一、二年常說要小心烏紗帽蓋頭那一年，每次只要他一說，父親就會問師公：那請問老師，烏紗帽蓋頭那一年是哪一年呢？師公每次都笑著回答：到時候你們就知道了。二〇〇二年師公仙逝之後，父親依舊將師公的話謹記在心。二〇〇七年底，父親剛好在大陸幫朋友看工廠的風水，那時他突然想到「戊子年」不就是烏紗帽蓋頭那一年嗎？因為烏跟戊讀音很像，子就是子丑寅卯辰巳午未申酉戌亥的第一個，是地支的頭，兩個合起來正是烏紗帽蓋頭。

　　父親把這樣的訊息告訴他當時的學生朱先生，朱先生是經營成衣事業的，二〇〇八年三、四月份，他將公司遷移，並且縮小編制，也拒接不穩的訂單，居然就這樣避開了這次的金融風暴，在這次的危機中，他少虧損了幾千萬元。反觀其他成衣界同業，在當時多半只能慘澹經營。

　　接著是二〇〇八年的全球金融風暴。當時，全球股市下跌，那一年，鴻海董事長郭臺銘還說景氣會壞三倍，台積電股價當時跌到三十多元（台積電的股價最高曾漲到二六六元），當時的總統馬英九先生為了擴大內需市場、振興消費，一個人還發了三千六百元的消費券。一直到現在，家父還是不知道為什麼李胡山師公可以預測到「戊子年」需要小心。

■ 師公的八十五歲劫數

　　李胡山師公在世時，曾經多次說他八十五歲那年將有劫數，此劫若能化解，則還能有十多年的壽命，家父當時很好奇的問師公原因，師公才娓娓道出緣由。

　　李胡山師公一位同鄉摯友的兒媳已經連續生了三個女兒，那位摯友很希望能有一個男丁延續香火。他知道師公家學淵源，精通風水陽宅堪輿，也曾多次詢問師公是否可以教他風水，他希望藉由陽宅佈局之力得到一名男孫，若真能如此，他此生便無憾。

　　有一天，李老師的同鄉又十萬火急的登門請求，因為兒媳第四次懷孕，他擔心又再生一個女生，香火無繼，來日無顏面對祖先。李胡山師公便問：「懷孕多久？」，李師公的同鄉回道：「一個多月。」依照後天派陽宅理論，受孕三個月內修改屋舍，具有變胎的功能，李胡山師公禁不起好友的懇求，一時心慈，幫同鄉

修改其兒子的住家，使之成為「延年星到宅」這種可得四子的住宅。當時，師公慎重叮囑好友務必請他兒媳再生四個孩子，如果兒媳沒有生滿四個孩子，總共會有七個孩子，他們兩人都必須承擔後果（暗示將會有劫數）。

「延年星到宅」果然助同鄉一舉得男孫，但兒媳生到第二個男丁之後便結紮了，因為家中已有三女兩男，食指浩繁、經濟負擔太大。師公所言的八十五歲劫數就此結下，而師公的老同鄉也在得到第二個男孫之後，沒幾年便去世了。

師公在壯年時期曾患有嚴重胃疾與肺部毛病，但至年老反而轉為健朗，或有小感冒，均在附近診所拿藥，偶爾必須上醫院就診時，大多要家父載他到士林新光醫院。家父納悶他既是榮民，為何不去榮總？老人家總說「不可以」，再追問，他才回答「到榮總是看大病，去了就完了」。

師公八十五歲（二〇〇二年）那年春天傷了胳臂，醫治一段時間才漸癒。當時家父心想，師公作息正常，每日晨間步行一小時，住的又是坤宅乾門的吉宅，開春的臂傷應已化解他所說的八十五歲劫數。沒想到十一月底，家父出國期間師公突然昏倒，師公本是榮民，師伯叔們自然將他送到臺北榮總醫治，正如師公曾經說過的「去了就完了」。家父回國時，師公已經仙逝四天。

■ 師公仙逝後，在女兒的陪伴下回歸家鄉

師公在臺並無家眷，榮民的身後事自然由退輔會接手處理。家父在軍中服義務役時的營作戰官張將軍，當時剛從國防部少將退役，家父懇請張將軍關照，師公的後事也獲得葬儀社極佳的配合。

　　師公年輕時已在中國的家鄉結婚成家，育有一女，兩岸開放探親後，師公的太太及女兒均曾來臺探望。得知師公仙逝的消息後，師公的女兒趕至臺灣奔喪，期間食宿交通均由高師伯安排打理。

　　告別式當天，師公的女兒及入室弟子均帶孝行家祭禮，最後由學生及其他親友致祭，肅穆中完成典禮，發引火化。火化裝罈完成後，退輔會帶走骨灰罈暫時保管，原因是在臺老榮民經常有臺海兩地家屬無法聯繫齊全的問題，需三年內無人出面主張方可領回，此規定急煞師公的女兒，師公女兒馬上前往退輔會跪求，希望能讓師公的女兒將骨灰罈領回。承辦者礙於規定，愛莫能助，幸好父親聯繫張將軍，告知詳情，張將軍得知情況後，親自前往退輔會，保證李胡山師公無其他後代眷屬，師公的骨灰才得以讓師公的女兒順利請回中國大陸。

　　以上這些事情，大多由家父陳紀瑞建築師口述或是筆述，由我撰寫增刪，再請家父確認過。我由衷希望可以透過本書告訴世人及後代子孫這些事情的真實性，同時也誠心感謝師公把後天派陽宅的理論精髓，交由給後天派弟子傳承下去。

拜對老師終身受用

我的老師其實就是我的父親——陳紀瑞建築師。

■ 家父接觸風水的緣由

父親在二十多歲、於民國六十九～七十二年在金山安樂園任職，今天的「金寶山觀墓園」和鄧麗君的墓園「筠園」就是由金寶山規劃的。

我小時候常搭父親的車，和他一起去金山安樂園，每次去都會暈車。當時，因為父親的同事告訴他，做這個行業應該多少要對風水有些了解，所以，一九八一年，他跟知名的王德薰老師學習堪輿。當時，王德薰老師是蔣家的御用風水師，父親學了三年的「配命紫白飛星」之後，王德薰老師就過世了。

父親自金寶山離職後，便專心準備建築師考試，後來也順利考上。之後，因為工作的關係，接觸了很多住宅，他也都用配命和紫白飛星做為應證，分析居住在陽宅的吉凶禍福，但是，他發現那很難應證，就連自己的家也一樣，因為母親與父親的命卦，一個東四命，一個西四命，他擔心會傷到另一方，所以不敢冒然依照所學為家中的格局進行調整。

一九九一年，父親在上班途中聆聽廣播節目，主持人訪問湯森老師關於陽宅的問題，內容講的剛好是父親心中的疑惑，所以他便打電話到廣播公司詢問湯森老師的聯繫方式。找到湯森老師，並且報名他教授的陽宅班，學習了一年之後，他馬上改了自

己的居所來印證後天派陽宅的奧秘。

　　事後證明，改變了家裡的格局後，確實讓家裡的人越來越順利，父親在事業上有所突破，我當時正在唸國中，成績從全班的二十至三十名，漸漸進步到前十名，然後順利考上成功高中。

　　一九九四年，一起在湯森老師上課的同學告訴父親，李胡山老師登報收徒，家父馬上拜師，成為後天派的入室弟子。在李胡山師公的指導下，父親了解了後天派陽宅的奧秘，也慢慢理解「羅盤差一線，富貴不相見」的道理。

■ 李胡山師公開班，必邀家父一同授課

　　一九九六年，師公的女弟子（我稱之為師姑）找了七位學生，請師公到桃園八德開陽宅班。因為師公的山東口音太重，所以全程由家父代為上課，每堂課師公都坐旁督導，一起從臺北到八德，再從八德回到臺北，此課程授課達半年之久，讓父親更深入體會到後天派陽宅理論的縝密嚴謹。

　　之後，師公一再要家父開班，當時，家父的辦公室在龍江路上，他在一九九七年開了第一班陽宅的課程，收了五名學生。開課當天，師公親自到教室開場助陣，肯定家父的能力。開完此班後一直到師公去世，家父再也沒有公開收過學生。

■ 家父盼將後天派陽宅傳授給有心人

　　二〇〇二年十一月，李胡山師公仙逝。自一九九四年以來，有長達八年的時間，家父每週都到師公家一到兩次，領受師公的諄諄教誨。每當有人找師公看宅，家父便會載師公前往，在看宅

■ 圖1-2　家父開班，師公親自助陣

的過程中，父親也體會到後天派陽宅的奧秘。

　　師公在世時，曾多次鼓勵家父要教授後天派陽宅。唯當時家父以為師公會壽達九十六歲，所以心中暗自立下六十五歲之後才對外教授的心願。自師公仙逝後，後天派同門多聚座下，學道之人，諸宗難問，有感於此，到了二〇一六年，家父年滿六十五歲歲時，開始想要開班授課，將後天派陽宅傳授給有心人。

　　後天派的地理分為五個系統：靜、樓、神、工、風，靜指平房，樓指樓房，神為宗教建築，工為整體性建築，風是陰宅。當今臺灣陽宅以樓房居多，所以家父授課以後天派樓房為主。

　　二〇〇四年，家父在朋友的請求下，開設了一班親朋好友班，我剛好與大家一起上課。這次的課程為我開啟了五術之門，我慢慢了解五行陰陽，經過十多年來對後天派陽宅及五行陰陽的了解與驗證，我知道後天派陽宅在正確的使用下，精準度極高，

所以我買的房子也是使用後天派陽宅理論尋找的，我相信住進好房子會讓人生的道路愈來愈順利。

■ 如何分辨後天派陽宅弟子

　　後天派陽宅從第一代到第五代皆為家傳，大家或許曾經在網路上或其他地方遇到後天派的弟子，他們可能會稱自己是某胡海或某胡奇，藉此便可知道他們是後天派的哪一代弟子。

　　比方說，李胡山師公是後天派第五代，家父是陳胡海，可以知道是第六代，第六代一定是由李胡山師公所教授的，接下來胡奇輩分的就是第七代，藉著詢問他們第六代的老師是何人，就可以知道其師承哪位老師，就像中國的拳法，知道師承是誰，便會知道其中拳法的差異。

　　因為五術沒有正式納入學校的課程，也沒有國家考試，所以五術界素質參差不齊，很多人也把通靈納入五術界，事實上，那跟五術天差地別。很多人學習五術時會拜很多老師，但自己也不知道老師是否準確。家父常說，五術其實只有兩派，一派有準，一派沒準，這套學問是實踐科學，需要印證、實證，也是數理學，要運用邏輯算數計算吉凶。

　　如果大家有上過易經的課程，便知道易經有八八六十四卦，有些人使用於卜卦、鳥卦……等，會知道這是一個非常複雜的學問，等我了解這樣的學問後，發現後天派陽宅的理論非常縝密，要求的測量精確度極高，不互相矛盾，一不小心很容易就搞錯方位，並且判斷失誤，這樣的理論絕對不是一般人光是看書就可以理解的。在此，要感謝前清中葉胡老先師分講指正，解開「三易」——周易、連山易、歸藏易之關連性，正式解開堪輿之鑰，

並且知道後天派陽宅理論有「姜太公蘊奧之術」，所以恭奉姜太公為祖師爺。

■ 我唯一的五術老師──陳紀瑞建築師

很慶幸的是，我唯一的五術老師就是我的父親，他教我的包含八字命理和陽宅風水。

在八字命理方面，家父紀錄了上千筆的八字，而且都做了驗證追蹤，我算過並且有紀錄的八字則超過五百筆。從命盤上面可以了解一個人的生命起伏，有次母親很緊張的拿來了朋友小孩的八字，想知道他會不會離婚。父親拿給我看，我說今年不離婚的機率非常小，但是此人八字非常好。後來我們知道此人的月薪從二十萬起跳，當累積的經驗變多之後，月薪甚至會超過四十萬。後來，那個人確實跟老婆離婚了，當時我曾說他之後還會有婚姻，但這就有待日後追蹤、驗證了。

也曾有位年近半百的女士來找我算命。她的命盤顯示一九九四年很有機會生小孩，但是紅鸞星動之年卻是在二〇二一至二〇二五年，我告知這樣的訊息後，她突然紅了眼眶，對我說起之前的往事：她後來沒有跟一九九四年遇上的那位男士結婚，也確實在那時間有懷了孩子，最近在考慮是否跟目前交往的對象結婚。

我想很多人都有這樣的疑問：如果知道人生已經被規畫好了（因為命都決定了，或是因果都定了，或是上帝都安排好了），那我們還活著做什麼呢？

西方教育跟東方教育最大的不同在哪裡？

西方教育會比較偏向引導式的方法，比較容易讓人找到自己喜歡做的事情，然後很開心的去做，縱使未來的道路已經決定

了，並且一般人如果可以做自己喜歡的事情，往往會走出更好的道路。

在人生的路途中，要記得停下腳步欣賞路邊的花朵，縱使你已經知道未來的路，但還是要找出自己的喜好，讓人生的路途可以走得更開心。

在陽宅風水上，家父實證了將近四十年，看過數千間以上的房子，有紀錄可以追查的超過一千間，而我在風水也驗證了十五年，看了超過八百間的房子，有紀錄可以追查的超過一百間。在看過的那麼多房子中，市面上的房子大部分都是一般的房子，無法幫助屋主的事業、健康，多數的房子都有一些小毛病，譬如久住容易有心臟的問題，或是生殖器官、泌尿系統的問題、頭痛或睡眠問題，只有大約兩成的房子會幫助屋主。大部分的屋子還是要進行調整，身體才會比較健康。

這一套後天派陽宅的學問，不會再有任何理論的改變，也不會今天說一套，明天說一套，它可以用一輩子，甚至傳給後代子孫，永續傳承，讓世世代代都能住上好房子，得益於風水。

在此，我由衷感謝我的父親教我八字命理跟陽宅風水，讓我在人生的道路與大家結緣，也要謝謝所有找我算命、看風水的朋友，因為你們才是我人生道路上的老師，是你們讓我走得更遠、更精彩。

■ 圖1-3　陳弘與家父陳紀瑞建築師合照

第二章

風水是邏輯運算學

　　我們認為後天派風水是一門「科學」，什麼是「科學」？簡單而言，就是可以透過實證的方法反覆驗證，而且結果幾乎相同，這恰恰是整個後天派理論實務學習的過程：理論加上反覆驗證，得到相同的結果。運用這套理論，我們也可以當一個風水醫生，藉由調整風水，幫助人得到健康、財富和好的運勢。

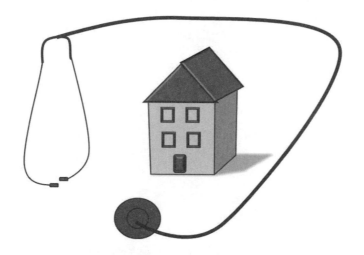

　■ 圖2-1　風水醫生，幫助人藉由調整風水，得到健康、財富和好運勢

■ 後天派的理論基礎

　　後天派原始理論基礎來自《連山易》、《歸藏易》、《周易》這三本易經，三字經內也有說明易經分為連山、歸藏和周易，透過學習易經，可以掌握萬事萬物的變化道理。目前我們大家熟悉的三本易經，僅剩下《周易》尚存可考。

三易詳　有周易　有歸藏　有連山　三字經

■ 圖2-2　三字經中的三本易經

　　根據我十多年的堪宅經驗，我們歸納後天派陽宅的關鍵基礎是「氣場」，一切吉凶變化皆因氣場更動而引發。以陽宅而言，氣場指的是「人」行走之「動線」，「人」所使用的「空間」、「格局」，因此，以後天派陽宅理論立場而言，但凡無關動線變化、格局、空間改換，幾乎都無關吉凶。

　　動線：就後天派陽宅理論而言，風水是以「人」為主的理論，所以動線當然是以「人」為出發點，人可以行走之處才算動線，只有門、通道、廚房、浴廁、房間、客廳、書房等才是動線的範圍，以常見的窗戶來說，由於人不會將窗戶當作出入口，因此窗戶不能算是動線，窗戶的位置、大小、顏色，都不會有吉凶的問題。

　　空間、格局：同樣的，後天派陽宅認為，空間與格局也必須要以「人」為主，「人」可以在內活動、使用，才構成空間格局，舉凡櫃子、衣櫃、抽屜都不能算是空間格局，因為這些小空間無法讓「人」進入使用、活動。

　　時節變化：地球公轉、自轉所引發之節氣變化、時辰更易導致磁場、氣場產生改變、引發吉凶，這也可說是「運」，運勢的變化起因於時間的更替，也會對吉凶禍福造成影響。

其他外來因素：除了最重要的氣場變化會對人造成影響，外在的因素有時也會帶來變化，例如，常聽到的沖、煞便是這些外來因素所帶來的吉凶禍福。會造成沖煞，多半也與造成自然五行變化之現象相關。

■ 後天派風水是可驗證的科學

後天派風水相傳為姜太公所傳下，這個說法為這門學問增添了不少神秘色彩。但深入了解之後，不難發現後天派其實是一門邏輯運算學，簡單的說，它是一種算數學、是邏輯、是推理。後天派演算時大量使用「十天干」：甲、乙、丙、丁、戊、己、庚、辛、壬、癸可以稱之為十進位，「十二地支」：子、丑、寅、卯、辰、巳、午、未、申、酉、戌、亥可以稱之為十二進位，「十二長生」：長生、沐浴、冠帶、臨官、帝旺、衰、病、死、墓、絕、胎、養可以稱之為十二進位，再加上二進位：「陰、陽」，五進位之「五行」：金、木、水、火、土等元素搭配合用而成。

數學由公式、運算、邏輯搭配而成，兩者的相似之處是，數學公式均有所本，有理論根據，可由推演而得，後天派也存在著許多的公式、要訣，不過，由於易經三易中僅存《周易》、《連山易》，《歸藏易》已散佚而不完整，因此這些公式、要訣如何推演而來大多已不可考。

其實後天派堪宅本身就是計算與推理的演算過程，以常見的公寓、華廈來說，下羅盤處在一樓戶外（鋼筋混凝土房屋室內會有磁針干擾），找出坐向之後，需要確認一樓上樓大門位置，之後帶入宅主運算「公式」，隨之而來的全都是邏輯與演算。因

此，後天派只要站在一樓便可以依據各樓層、各戶之大門位置，開始斷定吉凶禍福，如能將掌握某層之格局安排，更能推演其它各層、各戶之吉凶變化。

因此，堪宅時，若當時情況允許，我通常會順道詢問所勘房屋其他樓層的家裡狀況，以確保判斷無誤，這是一個「對答案」的動作，亦即「驗證」的過程，十多年來我們深深體會，後天派絕非怪力亂神、絕非通靈、絕非起乩上身，而是有憑有據、有公式、有邏輯的運算，只是以現代人的技術，尚未能找出此運算之起源。

大家經常可以看見風水書中或電視上的大師們說得天花亂墜，大家也聽得一頭霧水，十個風水先生可能說出十二種不同的版本，為何能說得那麼亂、那麼雜呢？因為這門學問傳了幾千年，過程中產生了各種派別，這些大師學了不同派別，混用後自己也會忘記，或是錯用之前在某家說過的某一席話、某種破煞去邪的方法，因此，才會出現這麼多學派跟先生、大師。

在中國人「寧可信其有，不可信其無」這種先入為主的觀念下，大家彷彿無時無刻都害怕觸犯禁忌，整天擔心會踩到風水地雷。

■ 地球磁場跟風水有什麼關係

根據科學的解釋，地球上因南北極地心產生磁場，地球運行於太陽系，加上本身具有引力、地、水、火、風等作用，這許多複雜的力量導致地球在不同的方向、方位會產生不同的力量。有些力量對人類有益，有些則無益，有些甚至有害。簡言之，風水就是所謂的環境物理學，為何是「物理學」？因為所謂物理是本

身所存在的力量，並非外來作用而產生的，所以風水不是化學，而是物理學。

　　地磁場來自地球內部，磁鐵有南北極，地磁就像地球的大磁鐵一樣有南北極，簡單來說，就是地磁的北極在南半球的南極，地磁的南極在北半球的北極，地球的磁場經過科學家的量測，在地球表面上的強度是25~65微特斯拉（25~65 μT ＝ 25~65×10⁻⁶T ＝ 0.25~0.65高斯）〔高斯（G）、斯拉（T）；10,000G ＝ 1T〕，在地球表面上的強度就是0.25~0.65高斯。

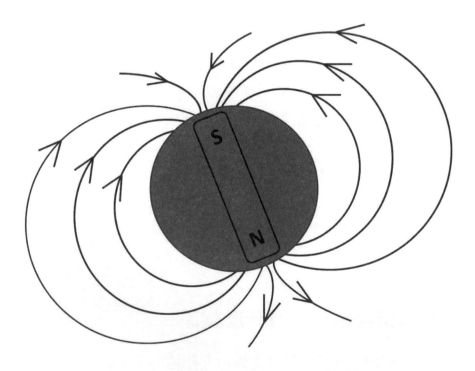

■ 圖2-3　地球磁場示意圖

　　這聽起來似乎很抽象，我舉個比較實際的例子，距離電熨斗三公分，產生的磁場強度大約是0.08～0.03高斯、微波爐大約是0.73～2高斯、吸塵器產生的磁場強度是2～8高斯，如果距離這

些電器三十公分，則變成電熨斗0.0003高斯、微波爐是0.006高斯、吸塵器是0.02高斯。

以下資料由世界衛生組織官網彙整而成

http：//www.who.int/peh-emf/about/WhatisEMF/en/index3.html

	3 cm（高斯）	30 cm（高斯）	1 m（高斯）
電熨斗	0.08~0.03	0.0015～0.03	0.0001~0.0003
微波爐	0.73～2	0.04~0.08	0.0025～0.006
吸塵器	2～8	0.02～0.2	0.0013～0.02
地球磁場	0.25~0.65	0.25~0.65	0.25~0.65

■ 圖2-4　世界衛生組織官網資料

　　根據以上資料，「地球磁場」可比喻為微波爐距離人體三十公分以內，從受孕到死亡一直開著，影響著住在地球上的萬物。電器不可能每分每秒都在用，但人們從受孕前到出生，甚至等到死亡後，都會受到地球磁場的影響，就是所謂的（陰宅），我們居住的房子、工作的廠房、廟宇、墳墓，也一樣會因為地球的磁場而產生吉凶。而羅盤就是用來量測磁場方向最重要的工具，經過運算，便可知道吉凶的方位，所以風水陽宅對於一個人、一個家、一個工廠、一個廟宇，都有好的影響與不好的影響，絕對不容小覷。

　　若以宗教來解釋，這個世界是凡聖同居土，凡人、聖人、有形、無形眾生同時生活在這世界中，大自然（動物、植物）、神、鬼、仙、聖、凡人，以及其他許多無形的眾生，由於我們無

法突破彼此的空間維次，無法見到彼此，但是，程度高於我們的「無形的眾生」可以看見我們。我打個比方，就像螞蟻看待我們人類一樣，螞蟻無法了解人類世界的運作，為何賺錢、為何買衣服、為何蓋大樓，但是人類對螞蟻的生態運作卻一目了然。

　　天地間存在著許多我們無法理解的風水學問，本書僅以後天派的角度分析這些現象，他派學問的主張如與後天派有衝突或差異，我們也予以尊重，畢竟，對人類而言，世上還有許多未知領域，就風水理論來說，後天派陽宅並不能代表一切，對於有差異的理論或方法，我們絕不隨意議論、批判。

■ 實用的後天派改善了我的家庭狀況

　　約莫二十六、七年前，我讀國中時，家中根據後天派理論改房子，結果，狀況有所改善，也發生了好的轉變，我順利考上公立高中，後來也上了淡江大學電機系，之後又考上交通大學電信所並順利到了科技大廠華碩的手機部門服國防役。

　　我在二〇〇七至二〇〇九年被外派到大陸蘇州與上海廠，那時我對後天派陽宅已有概念，因此長駐蘇州時，選了震宅離門的宿舍（以後天派陽宅來說，此宅能升官、發財），結果，當時每年都順利升遷，也因為人在大陸，所以去了很多地方旅遊，欣賞大陸的風光，相較於從臺灣去大陸，省了相當多的機票錢，包括自己的心情在內，整體來說都很不錯。

■ 以後天派陽宅理論購買人生第一間房子

　　二〇一〇年，我根據後天派陽宅的理論，在板橋尋找自己要

居住的房子，我希望能找到一間可以幫助自己找到合適的對象、早日成婚的房子。那時，我找了很多房仲，請他們帶我大量看房，但是，因為我是運用後天派的理論來找房子，很多房仲看我都不喜歡他們帶看的房子，便不再想替我安排看房。當然，那時還是有很好的房仲願意繼續帶看。我總共看了約八十間房子，皇天不負苦心人，最後，我終於找到自己理想中的房子。

照理說，應該在房子還沒蓋之前設計時，就要用後天派陽宅的理論來安排房屋的格局，但現在大家買的大多是建商蓋好的成屋或二手屋，沒有建商或屋主會按照後天派陽宅的理論設計房子的內部格局，所以我找房子時，才會挑得這麼辛苦。

對於後天派而言，房子的老舊程度不會影響風水的好壞，最後我買的是四十年的老房子。還記得買下後，房仲跟父親一起到房子勘查，當時仲介對我非常好奇，因為他眼前這個僅三十來歲的年輕小夥子居然是拿羅盤在找房子。

■ 陽宅也能預測生男生女

我跟房仲說，住這間房子的人，如果在這裡懷孕，一定會生男的。當時的房仲很好奇，馬上問住在我隔壁的鄰居，那位已經在此住了四十年的鄰居說，我那間房子一共住過兩戶人家，兩戶人家都在這邊生下兩個男孩。房仲當時驚訝不已，嘖嘖稱奇，我自己也深深覺得後天派陽宅確實有其厲害之處。

我購置的這棟位於板橋的房子是坎宅巽門生氣星入宅，當時我單身，主要是希望這個房子能幫我找到適合的結婚對象。後來，我認識了現在的老婆，在我的努力追求與這間房子的加持下，我結婚了，並在這裡懷了第一個孩子，當然這孩子是個男

孩。我居住在這個房子期間，曾將房子分租給朋友，到二○一八年為止，一共住過五位單身男女，其中有四位後來都結婚了，另一位現在還住在裡面，我們就看看單身的他是否在這幾年找到理想的結婚對象。

　　我的房子位在公寓四樓，一樓房東租給別人，我用羅盤丈量後，計算了一下，剛好是五鬼星入門，比較容易有賭博之類的事情發生。剛搬入時，每天晚上都可以聽到打麻將的聲音，吵得讓人無法入眠。果然，我發現聲音來自一樓的人家，天天有人在那裡打牌賭博到半夜。

　　後來我們搬回士林，因為士林的房子也是懷孕容易生男孩，而太太也果真再度生下一個男孩。比較神奇的是，我在第二胎出生前，就告訴太太第二胎是男生，且皮膚會比第一胎的哥哥還要黑，果然弟弟一出生，皮膚就是比哥哥剛出生時還要黑。

　　好的房子可以幫助結婚、生子、事業，慢慢的影響，並且讓人生逐漸往好的方向改變，當然，如果是不好的房子，也會影響整個家庭，慢慢的把發展轉往不好的方向。

■ 好友L先生與後天派陽宅的故事

　　我再跟大家分享一個例子。這個故事發生在我好友身上，在此，暫且稱他為L先生，這位L先生在二○○八年也跟父親學習後天派陽宅，間接成為我的師弟。約莫是二○○七年左右，好友L先生自大陸返臺後，不經意與家父談到他父親的水電工程行因經濟不景氣，這幾年的生意每況愈下、不太賺錢，加上投資不順利，每個月另需支付大筆貸款，經濟壓力有點大。

　　由於我跟他已結識十多年，後來，L先生請家父陳紀瑞建築

師幫好友一家堪宅。當天，家父除了先勘查做生意的場所，也到住家查看。花了大約兩小時繪圖、講解，並與好友父親討論細節。

生意店面的部分其實很簡單，僅需將原來的側門改為中門，但是好友的家就複雜許多，父親建議好友拆掉一個廁所的馬桶、浴盆，封死管道改成儲藏室，並另做兩道門，將廚房隔開。

以下便是好友口述自己的故事，他談到自己因習得後天派，讓一家人與周遭親友蒙受其利。

■ 老家萬里因為後天派陽宅而發生變化

當時我（即L先生）對後天派一竅不通，不過，因為家父（L先生的父親）知道風水地理的影響力，於是，便全盤聽從陳老師的建議進行修改，唯有一個建議讓我們很為難。

由於我家是透天房，一樓租給人家作為店面，家人則走旁邊的樓梯上二樓。車庫在後山坡，因此我們在後面另闢一門進二樓，以便停車後可以進屋。陳老師建議一樓不要進出，但這就會對我們造成極大不便，因為後山坡除車庫外就僅是個小山，上學、購物如經後山，光是上下坡會多花幾分鐘的時間，下雨時更是不便。家父當時問陳老師，繼續走前門會是否會有什麼不妥。陳老師只說：不會。

過了半年，店裡的生意似乎出現好轉，家母幾十年來長期失眠、不易入睡的情況也有所改善。但朋友陳弘不斷提醒我，要完全聽從老師的建議。於是，與家人、兄弟們討論過後，我們決定封死一樓大門，從此，我家便成為整條街的異類，全家都改由後山的門進出。

就這樣，我們有八、九年的時間都從後門進出。這幾年我回大陸工作，主要是父母與兄弟住在這個屋子，其中，一個弟弟工作很順利，另一個也幸運考取公務員資格，家父的經濟重擔也因為房子改善逐漸減輕，雖然大環境還是不景氣，但生意還是一直上門，比起幾年前，可說是大有改善。

■ 我也進入後天派陽宅的世界

二○○八年，我結束第一個工作後回臺，待業期間正好有幾個月的空檔，我拜託好友陳弘，希望可以跟他父親學習堪宅，想不到陳老師居然答應了。最幸運的是，陳老師對我是一對一教學，我每週三下午兩點到四點，都到士林的老師家裡上課。在這三個多月期間，我大約每天會花三個小時鑽研，若有問題，便在下週上課時當面請教老師，就這樣越學越感興趣、越學越有熱忱，滿腦子都是這套理論、這套方法，只要一到新的空間（居家或辦公室），我一定會偷偷在屋外先下羅盤丈量、勘查一番。

■ 大陸的岳母也好事連連

接下來，我想分享兩個我家因後天派陽宅所產生的轉變。

我的岳母，在二○一九年時年紀是五十多歲，這幾年手頭上有七、八間房子在收租，加上少欲知足，每天含飴弄孫，生活相當悠閒，且經常往來海峽兩岸。但事實上，岳母是靠著陽宅改運，才開始過上這種包租婆的日子。

二○○八年，我因做生意之故，需長期借住岳母位於對岸的家，當時我剛學習後天派不久，經論斷，岳母家乃離宅坤門星屬

五鬼之宅，該宅傷女，特別是有年紀的女性，因此我經常有意無意的遊說岳母搬離該宅。我找了許多藉口，例如地點不便、距離車站太遠、爬坡時太過耗費體力等等。因為我和岳母的關係非常好，所以岳母也很乾脆的順著我的意思，開始找尋合適的地點搬遷。

就這樣，我們花了幾個月的時間尋找，後來搬至一間「坎宅癸丑門」的平安宅暫住，入住後，我的心也跟著安定下來，不會想著要再說服岳母找搬遷。

我們在那棟平安宅住了大約三個月後，正對門屋宅的房東透露他們有意將自己的屋子出租，我二話不說立刻付了半年租金承租，因對面房乃是格局相反的坎宅丁未門，屬坎宅離門星屬延年星，立刻翻轉為吉宅。租下後我們隨即搬入，並住了半年有餘。在這半年期間，我們又到處看了大約一百多間房子，但都不甚滿意。後來，有一天突然出現一絕佳機會，該社區（同一棟）有一對日本夫婦急於回國，想便宜出售房子，我們立刻安排貸款買下。

我煞費苦心的為這間房子更改大門（該社區不准住戶更改大門，於是我們趁警衛交班的十幾分鐘，找了兩組人同時鑿壁鑲門、補缺口），又調整了廚房等房內諸門，總共花了約幾十萬臺幣修改風水格局。當時，整棟大樓都覺得我們這家人很奇怪、亂花錢，因為好好一棟外國人精心裝修過的房子，原可直接入住使用，我竟然還大興土木、東改西改的花一大筆錢。

根據後天派陽宅理論，那間房子屬離宅離門，火氣過盛，原本住在那裡的日本夫妻很年輕，卻一直苦無子嗣，後來妻子做了檢查，發現有嚴重的子宮肌瘤問題（此為離宅離門火過盛可能發生的現象之一）。我們很辛苦的把該房調整為「離宅巽門」之吉宅，並於二〇一〇年入住，其間，我往來大陸與臺灣，沒有長居

此房，但是岳母卻是就此定居下來，未曾搬遷。

◾ 岳母意外購入凶宅

二○一二年開始，岳母得到三十年前，該地方村委過去的「生產隊」，所配發的上百萬臺幣土地股份分紅，並投資該地區某處老屋，藉以收租。其實該老屋屬於凶宅，二十年前，女主人因男主人外遇而自縊，之後，男主人便旅居香港，心裡只想著快快將房屋脫手，連門都不敢踏入。後來，他以低於市價四成的價格賣給岳母。當天我們很快就成交、完成手續，甚至連大門都沒進。

近年，岳母又投資購買兩間地鐵站附近的住宅，加上其居住區域都是即將進行都市更新的老城區，可以獲得不少政府補助。種種幸運的事不斷發生，且持續至今。

◾ 岳母退休後即金錢無虞的安度晚年

一如開頭所說，岳母目前約莫有七、八間房子在收租，三年前也辦理了退休，開始領月退俸，生活過得十分開心愜意。雖然有人說這一切均是巧合，但我對風水深信不疑，請岳母絕對不要搬家（該房自十年前購入，地鐵開通後至今，已漲了三倍，所以岳母一直想賣出）。我由原本需要兼顧太太娘家的經濟情況，轉變為受其照顧（岳母幫忙照顧過幾個小孩，所給的生活費也全數退還給我，從未要求任何回饋）。這事就發生在我的身上，我的親身經驗證明了陽宅會默默發生一股不可思議的助力。

■ 大弟升遷速度創公司紀錄

此外，我還想再跟大家分享一個因陽宅而受益，而且還在進行中、尚未落幕的例子。

後天派陽宅有一格局，如各方面調整得宜，居住者可大發十幾年，而且是人財兩旺。我的親弟弟自開始工作以來，一直擔任國外業務，資質雖不是最好，但他為人忠厚，工作多年下來也還算順利，承蒙上級諸多照顧，就是薪資部分一直不算理想。

三十歲之後，弟弟換了工作，因為新公司在天母，所以他上班後便一直積極尋找，想購買北投一帶的房子定居，省去舟車勞頓之辛苦。弟弟常聽我們聊陽宅的奧妙與不可思議，於是便一心想利用後天派陽宅堪宅之法來尋找住宅。

約莫一個多月之後，弟弟尋得一宅，我請陳弘老師前往確認此宅是否可住，準備待老師確認房子沒有問題之後，當天就下斡旋金。很幸運的，老師至現場勘查後，隨即告訴我們可以買下修改。因為我們一家藉後天派陽宅奧妙之理得過不少好處，所以當天弟弟立刻下了斡旋金，也順利買到該房。

弟弟在某大集團旗下公司服務多年，入住該房迄今已超過五年，他從課長晉升到現在的經理，創下全集團最年輕經理的紀錄，這就是因為住了好宅所以會慢慢的轉運。由於該格局只能使用十二年，弟弟修改房門時僅用木板擋住原門，準備十二年後打通由另一道門進出，為提醒自己，他還在原門標註了「二○二五」，真是有趣。

學習後天派十年以來，除了我自己，周遭親友也一併受益，讓我更加著迷於這門古老的演算邏輯。這十年下來，因為後天陽宅，家中生意止血、恢復正常；因為後天陽宅，岳母過著無憂無

慮的退休生活；也因為後天陽宅，舍弟成為公司裡升遷最快的主管。這些不是廣告詞，而是真實發生在我眼前的例子。

我認為此生上天給我最大的禮物，除了家人之外，就是有幸學得這門經「陳紀瑞建築師」傳授的「後天派陽宅」絕學，姑且不論是否能幫助別人，至少我自己便受益無窮！

以上是好友L先生根據親身經驗的分享。

■ 用後天派陽宅幫你選對宅

學習後天派這十多年來，我越來越敬佩李胡山師公傳下的後天派陽宅的智慧。後天派陽宅堪宅有其獨門見解，沒有配命的問題、不太受大家常常聽到的「煞氣」影響，亦不受擺飾、畫作、傢俱左右。

因此堪宅時，我們與屋主的意見常有出入，換句話說，屋主對於陽宅風水的既有「吉凶印象」，跟後天派陽宅理論的「吉凶要素」完全不同。這是因為屋主被坊間許多風水相關傳言的影響，對於風水，已存在某些「既有成見」。例如，門對門、廚廁門禁忌、外來諸多煞氣等等。每個屋主其實或多或少都能說出一套自己理解的風水與禁忌。可惜的是，這些所謂的禁忌，有些只是無稽之談，甚至根本無關風水，純粹只是媒體的穿鑿附會。

■ 後天派陽宅的堪宅流程

1. 於屋外多處下羅盤確認方位

屋主見我們於屋外下盤，經常會發出疑問：後天派為何屋內

不取羅盤？在屋內不看羅盤？事實上，羅盤於屋外丈量才能準確，於屋內丈量時，因受鋼筋水泥、電器干擾，會嚴重失準。現代建築錯綜複雜，干擾甚多，我們需於「屋外」多方面確認羅盤角度與演算，才能提供足夠資訊。

現代都市設施複雜，電線交錯（地上、地下）干擾非常嚴重。捷運、鐵路電器干擾於屋外，下盤經常不易判斷，往往需要再三確認、四面下盤，才能確實求證，在屋外都有這麼多變數了，更何況是屋內，有些風水師於屋內下盤後便頻頻發表高論，我們見了不禁搖頭，就算學問真的很好，若基本的羅盤下盤失準，如何正確運用？準確是第一要務，務必以正確的方法落盤。

2. 進屋後仔細丈量尺寸並製圖

有許多屋主好奇，為什麼後天派堪宅需要跟建築師或室內設計師一樣，精確丈量尺寸繪圖？

古話說：「羅盤差一線，富貴不相見」，後天派可說是一門縝密的邏輯算數，需要運算，因此，在判斷吉凶時，「數字、演算」是非常重要的一環。

後天派陽宅的繪圖、製圖，並非從現代設計、近代建築發展出的方法，早在許久以前，師公家族就懂得繪製精確的平面圖，而且，精確繪圖也是後天派的基本功，學習者必須經常練習繪製。只不過，現在我們有許多便利的工具可以輔助製圖、節省時間。以後天派陽宅來說，繪圖的精確與否是影響堪輿準確度的關鍵因素之一。

家父曾提及師公李胡山先生進屋後以腳為尺、以步為準，他用走的方式來丈量房屋尺寸。只要他在入屋後走一輪，不一會兒便可繪製出精準的圖面，連受過專業建築師訓練的家父都由衷佩

服。為了提高精確度，家父早期會以捲尺實際丈量正確尺寸，待丈量件數累積夠多之後，才習得師公的腳步丈量功夫，這真可謂是以「一步一腳印」累積而來的功夫。

現在，我們有許多便利的工具，為求精確，多年來我與師兄弟均以電子器材輔助，雖然非常精準，但是久而久之，卻也變得無法離開這些方便的電子器材。

3. 詢問屋主上下樓層的狀況，並與左鄰右舍的現況對照、求證既然後天派是運算，也是邏輯，只要確認方位無誤，有時不必進屋，便可藉由羅盤角度判斷不同樓層或同樓層之類似格局的吉凶。這是謹慎求證的方法，也是後天派不用進門便能知吉凶的關鍵。

堪宅多年後，某天我突然發現，這其實是一種科學論證的方法，比較、對照，同時也要避免環境中的種種干擾。現代建築錯綜複雜，有各種不同的形狀、入口、功能、方向、數量，難免誤判。因此，後天派需要求證，詢問左鄰右舍、上下樓層之現況以驗證堪宅的正確度。我們不喜歡擺出一副看起來非常厲害的模樣，真正的風水不允許誤判帶來的後果，這就好比建築師在規劃地基、丈量尺寸、設計建築藍圖時，絕不容許尺寸偏差錯誤、方位錯置，因為失之毫里，差之千里啊。

早期堪宅時難免誤判，因此，我們寧可冒著被屋主認為學藝不精的風險，也要回頭告知屋主堪宅有誤，雖然有時屋主難免抱怨，但是家父常叮囑我們，既然要為人堪宅，就必須負起責任，若自己不慎犯下錯誤，就必須勘誤、校正。早年，我曾在堪宅時見過房子過長，加上前後均有門的房子，導致勘查多次仍有錯誤，直到多次登門確認後，才獲屋主諒解、讚賞。種種過程都證明了後天派是禁得起驗證與考驗的學問。

4. 正式斷吉凶、提供建議

完成上述三件事後，我們才會對房子進行正式的「辨吉論凶」。後天派吉凶明確且清晰可證，一般來說，老師雖直言不諱，但是通常是保守告知。陽宅雖然是少數可以影響人生的要素之一，既然吉凶已定，還是希望能夠為屋主帶來助益、趨吉避凶。不過，人們總是喜歡聽悅耳的話，因此，我們的原則是不危言聳聽，好便是好，能調整就調整，除非真的是凶宅、無法調整，老師才會請屋主另擇住處，否則，只要是平安宅，就算提供建議，我們也不會強求屋主做出太大的修改。

有許多因素都會影響人生，命運、家世親友、教育、國家社會、善惡、以及陰陽宅（風水），人生是在許多綜合因素的影響下呈現的「好、壞、吉、凶」。

而陽宅僅佔其中一部分，並非全部。換句話說，好的陽宅雖然可以帶來助益，扭轉命運，但是我們絕不能一味的依賴陽宅。做生意時的確可以靠陽宅引入人潮，但若將店面開在深山，陽宅縱然一百分，也不會有人上門；開餐廳的確可以靠著調整陽宅帶入人潮，但若菜色欠佳，還是會倒閉；開工廠可以靠陽宅帶進訂單、客戶，但這並不代表可以不必創新、研發，現代社會開的是汽車、電動車，如果商家只賣人力三輪車能賺錢嗎？影響人生的因素有很多面向，但能修改、調整的並不多。社會環境很難改變、家世親友很難選擇，命運更是在出生時便已註定，而在我們的一生中又有幾次機會能重新接受新的教育？陽宅是少數可以快速調整的方法之一，而這也是陽宅之所以那麼重要的原因。我們只能在極少數能夠影響人生的地方著墨，藉以改善自己的境遇。

後天派陽宅雖也管生兒育女，但是調整床位之前，都要確定夫妻雙方經醫生確認過身體是正常的，否則陽宅再厲害也無用武

之地。

■ 能否藉由改變陽宅翻轉人生

這個問題基本上是肯定的，但必須滿足幾個條件：

1. 找對風水師

基本上，我們尊重所有門派的風水理論，相信各門各派的祖師爺在開門立派時，定有其獨到見解與一定的準確度。無奈的是，有時會在傳承過程中失真或產生誤解，導致失準。有些風水師雖然屬於同一門派，但經過不同老師的傳承、教導，論斷吉凶的方式或許也會不同。這也是為什麼有些風水師為人們所詬病，除了可能是本身學藝不精、妄自穿鑿附會，有些不肖之徒也會打著風水師的招牌，招搖撞騙，進而衍伸許多不當的行為。

2. 相信風水師的布局

家父堪宅數十年來，發現有許多屋主根本「不相信」，縱使提供建議，也不願意修改格局、調整動線，抑或是打從心裡抗拒。這個現象很有趣吧，都已經請風水師堪宅了，卻對風水布局充滿疑惑，有時不禁讓人懷疑他們找風水師堪宅的動機為何？只能說，人還是會受到因果業力的影響，不由自主。

3. 沒有來自他人的阻力

堪宅的過程中，我們經常遇到的一種情形是，雖然屋主相信風水布局，願意更改使用動線，但是因為家人反對，認為會造成使用上的不便，所以無法順利修改房屋。風水布局向來很難將實用性、便利性一併考慮周全，加上有時不吉宅的住戶本來就有經

濟上的困難，要讓他們搬遷、修改格局更是會難上加難。

綜合上述三點，說穿了就是要種種因緣俱足才能圓滿，只要因緣不俱足，家父堪宅便會越說越保守，絕對不強迫、不勉強、不恐嚇、不要求，以求在兼顧便利性和實用性的前提下，做最簡單的調整（只求逢凶化平安，不強求轉大吉）。

仔細回想，根據過去的實際案例，倘若屋子能夠圓滿的修改，在實際的案例裡，屋主們通常還是可以扭轉劣勢。但微妙之處就在於屋主如能圓滿的修改房子，可能也是本身的命格裡具有這樣的福報所致，想強求也強求不來。福地福人居、福人居福地就是這個道理吧！

雖然陽宅不能完全左右我們的人生，但是，十多年的堪宅經驗卻也讓我發現一個有趣的現象，值得我們探討：社會上有各行各業，每個行業都有其佼佼者，不管是政、商、教、農、工等領域中，都有百分之十最優秀傑出的人才，反之，也有百分之十最糟的情況。以現在的話來說，就是所謂的人生勝利組跟社會邊緣人。去除掉這最好、最壞的百分之二十，剩下百分之八十就是所謂的普通家庭、平常人。房子也是如此，真的滿足各方面條件的吉宅大約只有不到百分之十，最糟糕的凶宅大約也是百分之十，剩下就是普通的平安宅，這樣的比例剛好也符合一般的社會現象。

第三章

請錯風水師，
無法改善風水

　　華人篤信風水，自古以來，下自小家庭的居家環境、辦公室，上至商辦、學校、機關、皇宮，無不講究風水。縱使世界已經現代化、科技化，但仍阻止不了許多人對風水的信仰與堅持。風水門派已是百家爭鳴，風水的相關的禁忌更是有如天上繁星。以下，我們就以後天派陽宅的角度，來說明該如何看待我們經常聽到的那些說法。

◾ 求財避煞吉祥物真能求財避煞？

　　我們先談談吉祥物。坊間流行的吉祥物不外乎蟾蜍、貔貅、龍龜、麒麟、聚寶盆、噴水池、魚缸、水晶、龍、虎、獅、十二生肖、水晶、紫水晶、風水球等。

■ 龍龜

　　就拿龍龜來說，它是古籍中記載的一種瑞獸，頭為龍，身為龜，相傳為龍所生的九子之一，是龍神和靈龜的化身，背負河圖洛書，揭顯天地之數，上通天文，下知地理，中和人世，是吉祥靈瑞之獸。佩戴或安放龍龜在家中，能吉祥招財、辟邪化煞、增福增壽。

　　貔貅則是中國古代傳說中龍王的第九個兒子，龍頭、馬身，似獅子，可以騰雲駕霧、號令雷霆，相傳可以避煞，招來八方之財物、聚寶，是很多成功商業人士喜歡配戴、收藏的吉祥物。

　　以後天派陽宅來說，吉祥物在風水上最大的功用，就是看見它能讓我們的心情有所轉換。後天派本身不太注重這些東西，多半把它們當成裝飾品或擺飾，在風水上沒有太大助益。不過，藝術品本身都具有陶冶心靈之效，在某程度上，也可以提昇我們的身心靈。

■ 貔貅

　　我們經常可以看到電視、書籍或風水先生在推廣這些東西，後天派陽宅雖然沒有實際研究過它們的功效。不過，倒是有個觀念可以和大家分享。假設我們相信家裡（或辦公室）擺個××山、○○山，或是某千年古寺高僧開光加持過的聚寶盆、貔貅等就會讓我們財源廣進；擺上鎮煞之物就可以讓身體恢復健康；加持過某些物品就能尋得良緣、求子得子……，這樣的信念都能讓我們心神安定，倒也無傷大雅，至少後天派雖然不鼓勵，但也不會反對。花一點點錢可以買到「心安、安心」，其實也是蠻不錯的。

　　某回，我到一男性友人家看風水。進屋後他就說，客廳有幅山水畫，之前其他風水老師說可以藉此改運，讓身體變好。我用後天派陽宅的理論，確認此房屬於乾宅震門，五鬼星入宅。於是便跟朋友說，住在這裡的男人會身體欠安，諸事不順。如果是陽宅造成的身體不適，通常醫院會查不出原因。結果屋主說，目前他的身體的確是有多處欠妥，吃藥也無法改善，而且狀況越來越差。後來，我又跟屋主說：「不管是否有高人加持，根據後天派的觀點，山水畫與身體健康並無直接關聯。你在這裡住了十五、六年，身體、事業卻是每況愈下，看醫生也找不出詳細的原因，其實是需要做風水格局上的調整。」

　　我當下就跟朋友說明修改方法，並且建議他改房子之前，先設香案稟報地基主，說明動土是為了改善自己家裡的狀況，希望地基主體諒。

▌小小理論▌

　　根據後天派陽宅理論，最重要的是大門、廚房、廁所與所有的門，相關的方向、方位可以決定一個房子的吉凶與身體受影響的程度。

　　有些人會在屋外掛上八卦鏡、山海鎮等，這到底有沒有效？說真的，我們只能說後天派不重視這些。其實，八卦鏡或多或少透露出該房住起來不甚舒適（心裡感覺怪怪的），如果真的要出售房子，會不太好賣，如果要出租給租客也會多一層顧慮。

　　掛在房屋外面的鏡子，對面的鄰居也看得到，難免會讓人以為：莫非要把不好的東西反射到我們家中？造成對方的心理負擔，引起鄰居間的嫌隙。

■ 換門牆壁顏色、材質無助改善風水

　　裝潢時大家常會問到，臥室、房間、辦公室的門、窗需要選擇什麼材質才有助風水的布局？萬一選錯了，是否會造成什麼影響？

　　許多人都很講究牆壁的顏色，偶爾，我們也會聽說若客廳朝南，便要以白色為主色調，因為南方屬火，火剋金為財，白色就是「金」的代表，屬於迎財的顏色。白色屬金，金剋木為財，所以向西的客廳就可以用清淡又可以護目養眼的綠色為主。但事實上，不管這些顏色如何用在客廳或是房間乃至其他格局，以後天派來說，跟風水並無直接關聯。

但屋內的顏色與心情卻很有關係，的確會直接影響到心情。忙了一天回到家，看到讓人舒服的淡藍色或是暖色系，心情的確會舒暢許多。所以，當要布置、安排家中的粉刷，確實要顧及心情、喜好，不過，無論粉刷任何顏色，以後天派陽宅來說，與風水吉凶並無直接相關。

我們有時會聽到「房子要講究五行調和」這個說法，中醫也說人體需陰陽五行調和，裝修時需慎選家裡大門、窗戶的材質，以求調和。此外，也有房子缺「木」，所以門要做成木門，缺「金」的話得改成金屬門，找紅色的門就可以補「火」，找玻璃透明門可以補「水」等等說法，但這些都不是後天派論斷陰陽五行的方式。

■ 究竟何謂陰陽五行

金、木、水、火、土是所謂的五行。五行又分陰、陽，陰陽五行的確必須調和，過多、過少都會帶來影響。但根據後天派理論，在陽宅中，建築（家裡或辦公室）裡的陰陽五行跟門、窗的材質並沒有關聯，有人認為木門屬木、金屬門屬金、玻璃門屬水，但後天派陽宅並不這麼認為，它用的是用八卦、方位來論陰陽五行，無關材質顏色。

回歸後天派陽宅的基本觀念，什麼是風水？風水就是所有建築會因位置、方向等因素，引發環境磁場的變化，進而帶來吉凶變動，因此，必須是人能走動，或是人能使用，才會讓氣場帶來變化，跟材質並沒有關係，因為門就是門，門只要固定於某個位置，本身就具有一定的陰陽五行對應關係。後天派陽宅認為，門的顏色、材質，不會帶來風水的變化，也就是說，不管是玻璃

門、金屬門、木門都一樣。窗戶也是如此，後天派認為，在一個建築裡，人不會由窗進出，因此，窗戶本身不會造成氣場變化，也沒有所謂的五行陰陽。大家可以選擇自己喜歡的材質、款式、顏色，因為這些因素與吉凶沒有直接相關。

以新北市的許建築物為例，很多建築物、社區的年齡都超過三十年、四十年，甚至是五十年，這些建築物或小社區裡的大門，很多都還是建商建造時一起打造的，許多大門的材質、顏色、款式都很雷同。如果你恰巧居住在這樣的建築或社區裡面，便會了解每一層樓中每一戶家庭的好壞都不盡相同，貧、富、貴、賤均有，就像同一建案中的同一個樓層，應該也不會每一戶都同樣生男或生女，也不見得每一戶都過得順利、健康，這是因為每一層、每一戶的風水陽宅吉凶，都有差異，並非單純由房門的材質、顏色所致，因此，後天派並不注重門或牆壁的顏色與材質。不過，能住在讓人心情愉悅的房子其實也是蠻重要的，所謂賞心悅目就是這個道理。

■ 並非所有房子都能改到好

很多人認為，每一個房子都有破解「凶、煞」的方法，比方說，有些人覺得生活不順遂是因為客廳不夠亮，所以導致不夠旺，光線對於客廳而言，越亮就代表越旺，客廳牆壁的顏色也跟運勢有關，顏色越亮就代表氣場越留得住，運勢就會越旺。

另外，也有些人常說：地板必須平整。有些老房子因為年代比較久遠，所以不甚平整，有些則是施工的瑕疵造成，所以有些風水老師會主張，把地整平有助全家人運勢的發展。

另外，也有些風水老師會說，椅子要有椅背可以靠，出去打

拼就有人可以仰仗，椅背越高，表示越有高人可以仰仗。辦公室位置的後方也要有牆壁或是書櫃等作為依靠，這樣就像是有靠山，工作會比較穩。

餐桌不能面對大門或廁所的門，客廳最好保持整齊、潔淨，東西要盡量少。也有人說，廁所門若面對餐桌，會讓人覺得有穢氣，造成食慾降低。

餐桌也不能對著神明桌，因為祭拜信奉的祖先時，有時會拜素食，在神明面前吃大魚大肉，是對神明祖先的大不敬。餐廳的燈光色調一樣要保持明亮，如果家人一起用餐時心情輕鬆愉快，運勢自然會旺。

還有一些風水老師建議將個位數為3或是8的同一類東西或綠色食物，放在住家或辦公室的生氣方，因為這個生氣方每年不一樣，所以每年都要更換東西的位置，如此，就可以帶來好運。

以上這些改變燈光或餐桌位置，甚至是擺放植物、水果、花草的做法，以後天派陽宅理論看來，都很難破解風水缺陷，並不會影響風水的吉凶。

但是，有些人的確會因為以上的改變心情變好，不可否認的，心情變好後，很多事情就會迎刃而解。不管是哪一個家庭，若打掃乾淨，把所有的東西擺放整齊，並且把燈光調亮，牆壁的顏色漆得柔和，心情確實會變好，做起事來也會比較順暢。但是這一些跟後天派陽宅理論的關係比較小。

■ 陽宅不妥會引發什麼疾病

因為後天派陽宅屬於氣場理論，所以跟門、人走的路線比較有關，根據門的方位及所在的樓層的不同，就會造成吉凶的差

異。很多大樓是沒辦法改大門的，不管裡面裝潢得多好、多明亮，買最好的餐桌，燈也是水晶製的，非常明亮，但就風水而言，如果大門不好，因住宅與大門相互對應，是凶星進入家裡，這樣的家住起來還是容易有諸事不順的狀況。

再來談談廚房與廁所。後天派很重視廚房與廁所的位置，如果廚房和廁所的方位不對，就會出現相對應的問題。譬如：廚房、廁所如果在整個房子乾方的位置，居住者很容易出現頭痛的問題，年紀比較長的男性也很容易有身體上的不舒適，如果住上十年，去醫院看病時，很多時候都查不出原因。

或許有人會說，這樣的話，移動廚房與廁所的位置不就好了。但是，有時要移動廁所的位置並不是想像中那麼簡單，因為整棟大樓的管道間都已經固定了，要移動位置有一定的困難度，若想在住家中移動廁所的位置，就算有錢，也未必可以實現。舉例而言，本來廁所在房子的西邊，因為風水之故，要將廁所改到東邊，但大樓的糞管位置都已經設置在西邊，如果要移到東邊，必須把糞管架高，讓東邊廁所的糞管可以通到西邊建築的糞管，在現實的住家中根本不可能這樣做，因為這樣必須把地板架得很高，根本不可能實現。

移動廚房或許還比較簡單，因為廚房的給水、排水管線較小，但問題是，若是買了房子之後，請風水師來，然後，一來就要施工、敲牆壁，一般人實在不能接受。所以，建議大家在購屋之前，一定要先找風水老師看過，老師認為可以買，再下手買，若是等買好房子再請風水老師來看，風水老師心裡也會很掙扎：到底要怎麼跟屋主說？要如何更改比較好？也因此，一些對風水格局影響較小的辦法就出現了，比方說，換燈或是買一些吉祥物品等，風水老師會跟屋主說這些可以改善風水。但以後天派陽宅

理論來看，真正會影響的是所有的門，以及廚房和廁所的位置。

■ 風水也能影響一生命運

　　這是一個令人傷感的案例。十多年前，我的一位好友在擔任警察替代役時，認識了約五十歲的Ｃ警官。Ｃ警官對好友照顧有加，朋友也非常尊重這位老警官。在從軍兩年多的時間，朋友常有意無意聽到該長官在經濟上出現很大的危機。事實上，Ｃ警官與太太均為高階警官，又外派外勤單位，開銷很低，加上生性節儉，在財務上應該不會有什麼問題。但好友說在他從軍期間，Ｃ長官經常為錢悶悶不樂、愁眉苦臉，需要向其他警官或幹部借貸以償還債務。

　　退伍後，朋友便去大陸工作，每回返臺均會去找Ｃ警官敘舊。就這樣約莫過了五年，Ｃ警官在多年的省吃儉用下，將債務處理得差不多了。Ｃ警官常告知好友，等兩年後退休，要找一個清淨的處所頤養天年，過過輕鬆自在的日子。

　　忽然，有天傳來Ｃ警官罹患四期肺腺癌的消息，每週需往返營區與醫院之間進行化療。於是我與好友便前往營區探視，順道窺其營區陽宅吉凶，以及位於基隆住家之陽宅格局。營區位於三峽，由於Ｃ警官所帶部隊大約兩年一期，因此，約２年就需要更換一次寢室。經羅盤診斷後，我與好友都嚇一大跳，面面相覷。整棟大樓有幾個大寢室由部隊使用，加上幹部寢室，共約二十間，而Ｃ警官所住的寢室恰巧是後天派理論中最容易罹癌、屬於六煞星入宅的格局。當下，我們立刻請Ｃ警官換到其他寢室。不過，為了怕Ｃ警官心有芥蒂，我倆並沒有多做說明。

　　接著，我們到警官位於基隆的住屋堪宅（坐乙向辛），判斷

完住宅的吉凶後，又是一陣驚嘆。原來，該宅居然也是離宅走單山辛門，若久住定會諸事不順或貧窮。C警官已在此居住十多年，那十年恰巧就是好友入伍、C警官因為自身財務狀況悶悶不樂的那段日子。一聽到C警官和他的第二個兒子關係不睦，兒子成年後已經兩、三年沒有回家，我與好友心中更是大感惋惜。要修改此房非常困難，由於大樓大門的方位沒辦法改，怎麼修改都是在五鬼星入宅或是六煞星入宅，廁所的管路也都已經定了，要移動廁所位置非常困難。

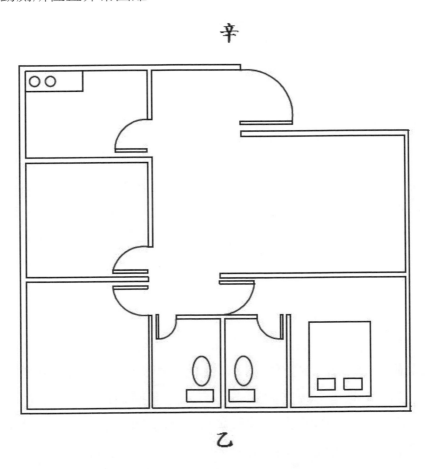

辛

乙

■ 圖3-1　C警官住所

八個月後噩耗傳來，好友某次返臺探視Ｃ警官後過沒幾天，Ｃ警官便忽然因病情惡化而住院，不到一週就往生了。好友趕去助念，直至助念那刻，才見其二子至太平間探視父親，他跪在地上不發一語。好友經常說，如果能夠早點學會後天派，也許Ｃ警官就可免去罹癌的劫難。但我認為這一切不能全歸因於陽宅，畢竟每個人的因緣、業力、命運都各有不同，只是這回就是這麼恰巧，種種因素都湊一起了。

■ 大門未必要開龍邊

大部分臺灣人都聽說過「左青龍、右白虎」，也常常會把這句話套用在大門、裝潢和擺設上。那麼，到底大家口中說的「左青龍、右白虎」跟後天派陽宅的「左青龍、右白虎」有何不同？

不管在廟宇還是皇宮，均以神明或是君主的坐向為主，神明或君主的左手邊就是青龍，右手邊就是白虎，所以，一般人面對廟宇、皇宮的左手邊就是白虎方，右手邊就是青龍方。

大部分風水書都會寫，生意場所、住家等的大門最好開在龍邊，也就是人面對房子時的右手邊，錢財、運勢才會越來越好。如果大門開在虎邊，也就是人面對房子時的左手邊，就會像「羊入虎口」，各方面會越來越不好。

其實左青龍、右白虎、前朱雀、後玄武，在傳統文化中是「四象獸」，代表四個方位，左青龍代表東方、右白虎代表西方、前朱雀代表南方、後玄武代表北方。大家都知道，「龍」在中國象徵可以呼風喚雨的崇高神獸，代表的季節是春天，「白虎」象徵西方白色，代表的季節是秋天，「朱雀」是全身紅色、類似鳥

的神獸，全身被火覆蓋，終年不熄，代表的季節是夏天，「玄武」在傳說中是烏龜的祖先，生活在大海，身形大小如同一個小島，代表的季節是冬天。

左青龍、右白虎的開門方式，並不能適用在每一個建築，或是房子、廟宇，因為坐向不同，青龍不會一直都在右手邊，以後天派陽宅理論來看也是一樣，大門不一定要開在哪一邊才會比較好，隨著坐向的不同，大門開的方位也會有所不同。

我舉一個朋友的家為例。那是一棟座南朝北的房子，本來是開在中間的門，因為運勢不是很順利，後來聽從別人的建議，把門開在左邊，也就是所謂的「龍邊」。但以後天派陽宅來說，這就變成了「六煞」的格局。結果，不到兩年，女主人便因病離開人世。所以，並不是每一間房子都適合開「龍邊」的大門，一定要確認羅盤的角度，再把大門安排在吉方。

■ 圖3-2 由中間門改成一般民間說的龍邊

■ 開錯門、厄運來

有一次，我在彰化堪宅，看了一戶人家，他們有兩間房子剛好距離很近，相距約20公尺，一間是店面，另一間是他們的住家，因為必須詳細畫出居住的房子，我前後花了兩小時。剛好這兩間都是不好的宅，它們都是相同坐向，店面開了俗稱的龍邊，住家則是開中間門。

後來，大家一起坐下來說話，我確認屋主在此住了四年多，便直接跟他們說，你們住進來後，對大家的身體都不好，尤其以女主人最為明顯。結果，女主人當場就說：對，沒錯，住進來後幾乎藥不離身。

此外，我也很含蓄的詢問屋主，你們是否有敏感體質？因為以後天派的理論來看，此宅容易有無形的鬼神居住。後來，女主人因為有其他事要處理而離開了一會兒，這時男主人就問說，老師，請問這間房子是否會有「陰的無形」容易進出？我說：對，剛剛因為女主人在，所以我不好直接明說。男主人也說之前曾經找其他老師來看，也說此房子容易有無形的鬼神進出。

因為坐向的關係，根據後天派陽宅理論，這兩間房子都必須開在大家一般俗稱的「虎邊」，才會由不好的、凶的，轉為好的、吉的。後來，我當然也告訴屋主如何改目前的房子，來保全自己的健康，也讓事業更順利，此外，我也勸誡他們務必要祭拜地基主，告知地基主何時改房子，並且希望彼此都能因此而更順利。屋主的房子如圖3-3，由原本的中間門，改成虎邊，才會由凶轉吉。

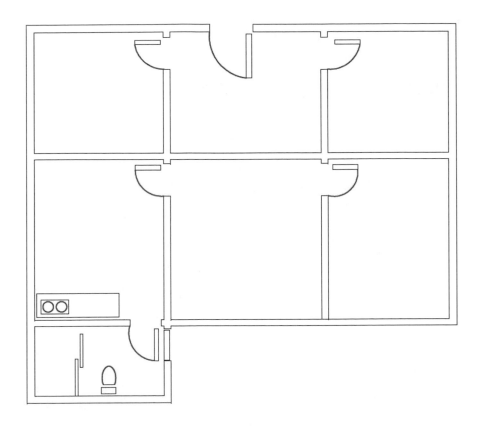

■ 圖3-3　此屋主的坐向開中間門，容易有無形進出

■ 租屋和買屋一樣，都需重視風水

　　有很多人說，如果名下登記了某間房子，那就必須留意那間房子的風水，因為登記人會被那個房子的風水影響，此外，也有人說，公司裡的負責人或董事長，也會受到公司風水的影響。以上這些看法只對了一半，因為還必須看這個人有沒有在那間房子居住，以及是否有在那間公司裡面上班。

　　如果是登記在你的名下，但是你沒有住在那間房子裡面，那麼，那間房子的風水不管是好的、壞的、吉的、凶的，都不會影

響到你。

■ 事業發展與辦公室風水息息相關

　　辦公室也一樣，如果老闆都沒有在這間公司裡辦公，老闆自然不會受到公司風水的影響。但是，在公司裡面上班的人，就會受到公司陽宅風水的影響，進而也會影響公司的業績。

　　你如果是租房子，每天都回租的房子睡覺、吃飯、拉撒，那就會受到那間房子的影響，如果你的辦公室也是用租的，公司的業績就會受到辦公室風水的影響，這是無庸置疑的。

　　所以，如果想在某間房子裡發達，就算是租的，也要講究。二〇〇七年，我被電子科技公司派到蘇州長駐。當時是住公司宿舍，我用了後天派陽宅的理論選了宿舍，也確實讓我在蘇州常駐時一切順利。

　　到底一個人要在那個房子裡活動多久，才會開始受到那個房子的影響？答案是七七四十九天。但是，因為大部分的人不是一天二十四小時都待在房子裡，白天會上班，假日會出門，所以我們一般都說三個月，住滿三個月就會受到居住的房子影響。那租的房子或辦公室當然也一定會影響在那裡居住或是辦公的人。

　　所以我們常聽人說，我的公司搬到哪裡之後，生意扶搖直上，或是從哪裡搬到哪裡之後，生意就開始下滑。奇怪的是，同樣的業務，同樣的員工，同樣的老闆，不同的只有辦公室，生意居然會差這麼多，不管是租的還是買的，都會受到風水陽宅的影響。而且所受的影響是一樣的多，不會因為買的就受到較大影響，租的影響就比較小。因為辦公室裡的人每天上班都待在辦公室，尤其是坐辦公桌的人，一天內受到影響的時間至少有八個小時。

■ 租屋風水欠佳，將影響子嗣生育

　　以下是跟我的同門師兄弟一起去堪宅的例子。

　　二〇〇九年，我的同門師兄弟學習後天派陽宅還不到一年，有一天去了軍中同袍W夫婦的家裡聚會，那時，住家位於永和舊公寓三樓（如下圖3-4）的該夫婦結婚後四年多，雖然檢查結果一切正常，卻一直沒有小孩，所以想詢問是否跟居住的房子有關。

　　W夫婦住進該公寓不滿兩年，經由羅盤量測座向，是巽山乾向的雙拼三樓，屬坎宅走乾門六煞星入宅，六煞星在五行是屬於水，同時，這個住宅的內五行有較多的水，在後天派陽宅中，內五行金、木、水、火、土中的「水」過多，並且無法讓水洩氣，會造成下肢無力，以及生殖器官和泌尿系統的問題。

　　W太太告知，這兩年有些婦科上的問題，反反覆覆發作，非常不舒服。家父常說：房內五行水多對老人家影響甚鉅，經常是入住一、兩年便無法行走，需依靠輪椅，甚至可能長年臥床，不可不慎，年輕人雖身強體健可以承受，但是會很不容易受孕。幸虧W姓夫婦是三十歲的年輕夫婦，雖然一直無法懷孕，但由於居住時間尚短，未滿兩年，尚未對身體造成太大影響。

　　此房由於格局無法修改，即使修改後影響也有限，加上六煞屬淫星，該房之現象除健康問題外，最明顯的是會導致居住者有外遇或生病，或是兩者均有，又因坎卦數字屬「一」，估計該房會在第二年開始發兇。當時，W夫婦再住幾個月便滿兩年，我心理一度十分猶豫，不知是否要如實告知，建議搬遷。後來，我小心探詢W夫婦，是否有繼續居住的打算。W夫婦告訴我，近期打算出國深造。當下我鬆了一口氣，隨即建議W夫婦，那就等

乾

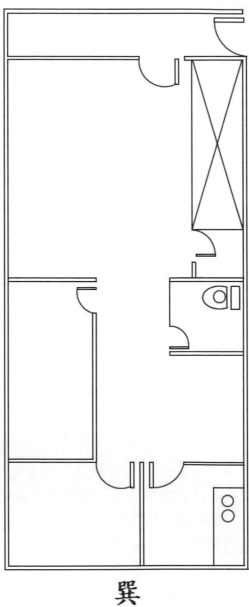

巽

■ 圖3-4　坎宅乾門六煞星入宅，此格局不容易受孕

留學歸國後再研究要如何處理這個房子。

　　兩年後，二〇一一年初，W夫婦學成歸國。適逢房價飆漲，加上學貸沉重，他們決定賣掉這個房子，另外租其他房子居住。堪宅的結果是兌宅走震門，屬於絕命星入宅，隨後，那位太太便懷了一個女孩，過了一年之後，又懷了第二個女孩。他們由原本買房的六煞星入宅，變成後來租屋的絕命星入宅，這個變化著實影響了這對夫妻，包含生育，從生不出小孩到生了兩個女兒，也都符合後天派陽宅的理論。所以，大家千萬不要小看陽宅對於整家人的影響。

■ 小孩房不必注重擺設，只需留意氣場

　　孩子是家中的寶貝，只要住家中有小孩，大人總是會格外謹慎、小心。有些在意風水布局的人，更是深怕擺飾、格局會影響小孩的健康、學業。

　　以後天派陽宅理論的角度來看，有很多禁忌都不用在意，因為後天派陽宅的風水邏輯主要是氣場理論，只有整體格局改變，引發氣場變化，才會導致吉凶發生變更。因此，舉凡電器、擺飾、家具，均不會引起氣場變化，也不會招致吉凶。另外，除了風水之外，也需要考慮舒適度、便利性，如此一來，小孩的臥房才會實用。

　　以下，我將從後天陽宅派的角度，針對我們常聽到的幾項小孩房風水禁忌及注意事項進行說明。

　　1.小孩的床頭若靠在浴廁或馬桶前後，會導致小孩無法靜心待在家裡。

　　後天派陽宅認為，床頭遠離浴廁或馬桶，的確是可避開沖水

的噪音，但這跟風水無直接關係。後天派裡的確有某些格局會導致子女不喜回家，但是這是房子本身的格局所引發的吉凶，而非床頭、馬桶造成。

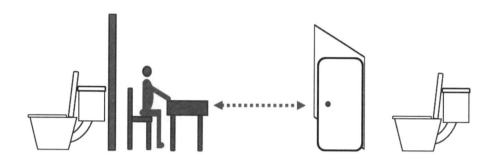

■ 圖3-5　小孩的書桌對廁所門，或是小孩背後是廁所馬桶

2.小孩的床位、書桌不可放在陽臺、水池或假山下，桌不可面向屋外巷道或對應路沖或對應水塔，座位不可靠坐在廁所馬桶前後，否則讀書容易不專心，考試成績也不會好。

3.小孩的書桌不可面向廁所，一般的說法是，這樣小孩比較無法專心讀書。

4.小孩的書桌背後及左右不可沖門，一般認為，若是如此小孩會不喜讀書。

5.小孩的臥室窗簾顏色忌用粉紅、大紅、深黑色，一般認為，這樣小孩讀書會不專心。

後天派陽宅對水池確實有一套說法，不過那主要是針對一樓住家附近的池塘，如果是裝飾用的小水池，後天派會將它視為裝飾品，不去論吉凶。讀書專心與否跟整個房子的大格局吉凶有關，也不會因為顏色、書桌的方向、書桌附近的擺設，而改變陽宅風水的格局。不過，在此還是要提醒一下，如果心裡有疙瘩，就要調整成讓心裡比較舒服的格局，讓心情平穩，確實比較讓小

孩可以靜下來念書，這也是很重要的事情，但是跟風水而言相關性是比較小的。

　　6.小孩的床位頭部不可正沖、左右沖房門，床頭上不可有冷氣、抽風機在轉動，一般的說法是，這樣會導致小孩睡不安寧、容易做惡夢。

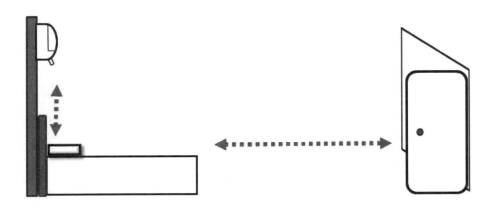

■ 圖3-6　小孩床頭上有冷氣，床正對房門

　　後天派陽宅認為這是以安寧為考量，無關風水吉凶。都市裡的房子都不大，若依照這個論述，到處都無法住人了。香港、東京的蝸居（很小的房子）又該怎麼辦呢？

　　7.小孩的書桌不可正向屋脊、電桿、壁刀、壁角，一般說法是，如此小孩容易頭痛或開刀。

　　8.小孩的書桌、床位不可位於馬達、機器轉動之處，一般說法是，如此小孩容易頭疼、沒精神。

　　9.小孩的臥室光線應該充足，不能昏暗，一般說法是，光線昏暗會讓小孩無法專心、降低讀書效率。

　　10.小孩臥室的地板最好不要鋪長毛地毯，一般說法是，這樣一來小孩易有支氣管疾病或皮膚過敏。事實上，如果沒有定時

清潔消毒，確實容易藏納細菌、病毒，導致小孩、甚至大人容易生病。

11. 小孩臥室的動物、玩偶的眼睛如有損壞便應丟棄，一般說法是，這類東西容易讓小孩中邪。

若從後天派陽宅來看這些事情，我們會認為這些禁忌其實大致是整潔度與光線的考量。把房間清理乾淨，保持整潔，不管是對心情或是健康都有益處，但這些跟後天派陽宅的理論比較沒有關係。

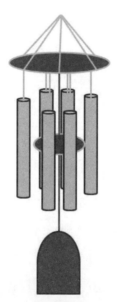

■ 圖3-7　風鈴

12. 小孩臥室不應懸掛風鈴，因為容易造成精神衰弱。

後天派陽宅沒有特別規範風鈴，也沒說過風鈴的吉凶。不過我們認為，風鈴的確需要注意，原因是風鈴多為金屬製（銅），許多宗教法器也是銅製，不太建議房間內一整天都有類似法器的聲響。

有些小孩天生就比較開朗，有些比較黏父母，有些比較獨立，有些比較膽小，這些性格部分是來自遺傳，部分則是與生俱來，並非全部都是風水陽宅的影響。我們可以透過現代醫學或教育來改善小孩的各個面向，陽宅風水當然也會影響，但無法產生全然的影響，以後天派陽宅的角度，把房屋變成吉的，對整個家庭，包含孩子，一定是正向的。只不過，後天派陽宅對屋內格局（所有的門、廚房、廁所的位置）的重視程度大過擺設、裝飾，以及屋內的顏色。

■ 書房該如何布置

很多人都想了解書房或是書桌該如何布置、擺設，畢竟大多數的華人都望子成龍、望女成鳳，大家都希望自己的小孩會念書、成績好，也因此，士、農、工、商，便是以士為首。基於這個原因，為人父母在堪宅時，常常會想要了解住家的文昌位到底在哪個位置，以為讓自己的孩子坐在文昌位上讀書，就能夠把書唸得好。

坊間有許多說法跟禁忌，例如，書桌後方要有牆壁，這樣表示有靠山，容易有貴人相助；書桌不能面向門口，這會造成氣場不穩定，讓人成天想往外跑；又說書桌上方如果有樑柱，會讓人思路不清晰、容易做出錯誤的判斷，另外，如果書房緊鄰廚房，或者靠近廚房灶位，瓦斯爐需要炒菜煮飯，容易令人情緒不穩定，影響讀書效率。

其他還有些很多說法，譬如：書桌不能面對床，因為這樣容易讓人嗜睡、分心，書桌後面有靠窗則容易讓人的氣從窗戶散出去等林林總總的禁忌。

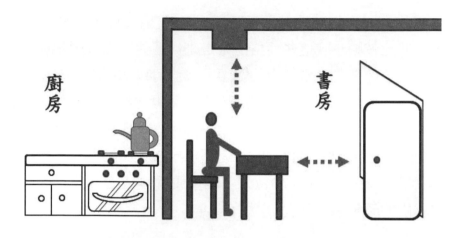

■ 圖3-8　書桌面向門口，書桌上方有樑柱，書桌緊鄰廚房

　　其實在後天派陽宅理論中，書桌的位置不是決定思緒是否清晰、小孩是否會讀書的主因。後天派裡確實有文昌位，文昌位其實也可以算是大門所形成的，如果家裡的大門剛好是文昌位，即表示天醫星入宅，天醫又稱天乙貴人，住在這個環境的小孩會比較聰明、比較會唸書，大人則是會有貴人相助。

　　大門形成的文昌位影響深遠，夫妻在此懷孕所生的小孩會比較聰慧，若頭腦天生就好，就比較會唸書，如果是之後搬進來的小孩，則會得到改善，讀書的能力會漸入佳境。

　　大門所形成的文昌入宅是最好的文昌宅，該房出生的小孩頭腦聰明，讀書比一般人要好。後天派裡所有的住宅都有文昌位，但屋內的文昌位影響很小，只有些微幫助，因此，後天派不會特別找出文昌位做特別的安排，不過，如果家長要求，我們還是會盡量找出該房的文昌位，建議父母讓小孩坐在那邊讀書。

　　至於書桌、書房如何擺設、布置這些事，後天派陽宅並沒有那麼在意，如果能夠找到正確的大門，讓房子成為文昌宅，不管書房、書桌的位置位於何處，都不用太介意。

根據後天派陽宅的理論，「汙穢文昌」是造成小孩不聰明的格局，造成這個現象的原因是房子裡的文昌位恰好是浴廁，汙穢文昌會造成一個很特別的情況，那就是住在房子裡的小孩會比較不愛唸書或是容易有些壞習慣。

剛接觸後天派陽宅時，我也覺得不可思議，認為這樣的問題應該是小孩的智商、能力、個性、習慣造成的，怎麼會扯上陽宅呢？但堪宅久了便發現，這樣的現象的確存在。而且，如果能夠遷移浴室，排除汙穢文昌的問題，這種現象便會漸漸減輕，甚至消失，小朋友會變聰明，壞習慣也會改掉。

■ 浴廁位置會大幅影響身體健康

浴廁，在許多人的觀念或是風水相關文章中，都很受重視，需要注意很多細節，譬如：浴廁門對房間門，表示廁所的穢氣會直接流入房間，會讓住在這個房間的人身體變差、影響健康，也可能會造成青光眼、癌症，也有人說廁所太潮濕會引發腎臟問題。

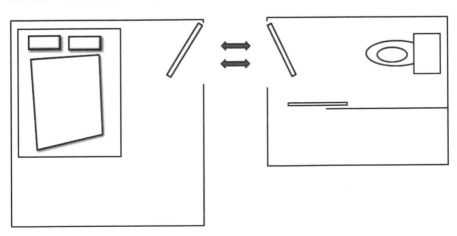

■ 圖3-9　浴廁門對房間門

　　還有一個說法是，浴廁門不能對廚房門，因為這樣易有長年的病痛，因為廁所的汙穢之氣會跑入廚房所烹調的佳餚中，不僅不衛生，也會導致破財。浴廁被喻為水，廚房因為需要開灶烹煮食物，因此被喻為火，此禁忌稱之為「水火相剋」。

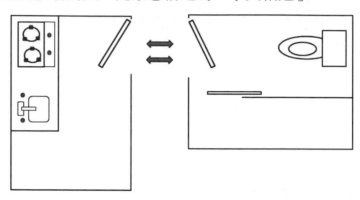

■ 圖3-10　浴廁門對廚房門

　　很多人也認為浴廁不宜大過廚房，尤其是有些浴廁內放置了大型按摩浴缸，如果將居家比喻為身體構造，那就表示屁股比嘴巴還大，這與身體的構造不合，會造成吃得少、拉得多、腸胃不佳、身體虛弱。

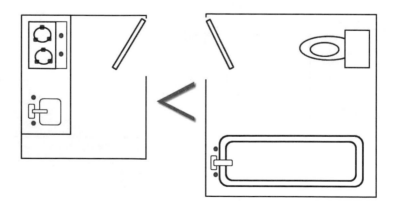

■ 圖3-11　浴廁面積大於廚房

在後天派陽宅理論中，設置浴廁最重要的關鍵是，必須在整間房屋的凶方位，如果我們將房子畫成九宮格，在九宮格中會有吉凶位置，若浴廁的位置在凶方，對於身體、家運就不會造成不好的影響。

後天派陽宅主張，如果廁所剛好在文昌位，就是所謂的「汙穢文昌」，小孩會比較不聰明，並且比較不會讀書，難有出色成績。在社會上求職也比較不容易得到貴人相助，如果生病，通常也會拖上一段時間才痊癒。

■ 廁所壓天醫方位會造成什麼結果

有些朋友知道我會看風水後，會請我們幫忙看他們的房子。我現在要分享的這個例子位在桃園，整棟房子是坐丙向壬，在十二樓，屬於雙拼格局，亦即一層兩戶，好友的同事在二○一三年入住，並在此房子生了一男一女。因為男主人知道我也會看八字命理，所以預先把生日時辰給了我。

堪宅測量後，我向主人說明房子不錯，男主人住在這裡應該很容易升官，恰巧跟男主人的八字命理的運勢吻合，以八字命理來說，要升遷的時間點，剛好就是搬入此房的時間。

不過，住在這裡的女主人或是女生會比較容易生病，若真的生病了，也會比一般人病得更久一點，一般人若是得了感冒，可能三、五天就會好，但是女主人跟女孩可能會拖到兩、三週。

後來主人證實我所說的一切都很正確，男主人的確於搬入後開始升官，他在這之前已經十年沒有升遷了，直到娶妻，在這邊住下來才升職。不過，因為老婆常常生病，所以請我來看一下狀況。

之後，男主人也詢問其他熟悉鄰居的事情。因為男主人的同事剛好就住在八樓，我推論住在裡面的人容易外出，不喜歡回家，這對夫婦聽了之後哈哈大笑，異口同聲回答：「沒錯，八樓的同事，很喜歡找大家出去玩樂，不喜歡待家裡。」

　　以後天派陽宅來看這樣的房子，浴廁的位置剛好是整間房子的吉方，因為壓到了吉方，所以讓家裡出現一些現象，譬如：容易久病不癒，或是生病的時間比較長，男女外出不想歸，頭痛損財，身體上面有些病痛。

　　最根本的解決方式，當然是移動廁所的位置，讓廁所位於整間房子的凶方，或是不要使用在吉方的廁所，將它改為儲藏室，這才是後天派陽宅趨吉避凶的方法。

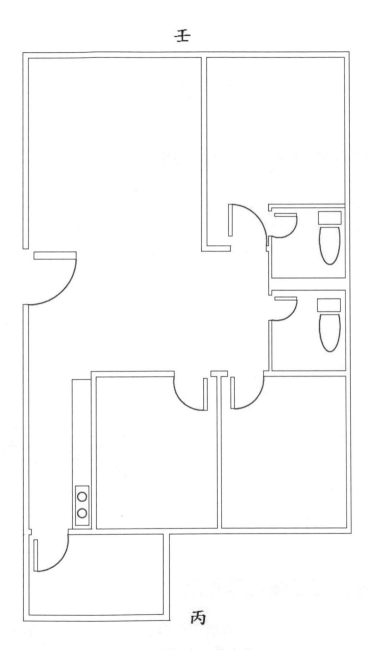

■ 圖3-12　此格局廁所壓在天醫方位

廚房風水的注意要點

■ 瓦斯爐跟水槽的適當距離

有些人認為瓦斯爐跟洗碗槽或水槽相連會有水火相剋的問題，距離四十公分以內會有漏財、血光之災、開刀、夫妻口角等問題，所以建議拉開瓦斯爐跟水槽的距離。

以後天派陽宅來說，水槽的位置跟風水的吉凶比較沒有關係，兩者距離的遠近不會影響風水的好壞。但就實用的角度而言，瓦斯爐跟水槽距離太近，也比較不好運用，因為洗菜完，有一個平臺放洗好的菜，會比較符合做菜的流程。

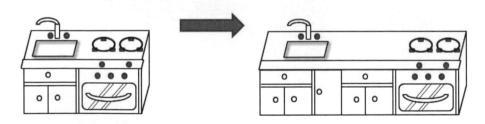

■ 圖3-13　瓦斯爐與水槽有距離，方便做菜流程

■ 冰箱與瓦斯爐能否相對

有人認為，冰箱與瓦斯爐相對會有水火相剋的問題，冰箱打開就像水，會造成瓦斯爐溫度降低，一樣會造成漏財、血光之災、開刀、夫妻口角等，解決之道就是移開冰箱。

後天派陽宅的理論並沒有提到冰箱與瓦斯爐的關係，冰箱放哪裡都可以，只要屋主方便，總不能把冰箱放在離廚房很遠的地方，對於煮飯的人是多不方便的事情，爐灶位在房子何處才是後天派陽宅的重點。

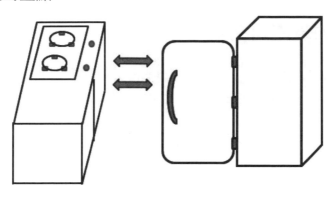

■ 圖3-14　冰箱開門正對瓦斯爐

■ 冰箱能否放在開放空間的陽臺上

有些理論認為冰箱是財庫，若放在陽臺很容易被左右鄰居看見，這表示別人容易看見自己的口袋，容易有破財的事情發生，而且也容易有流動的風，這樣的氣場會讓財庫的財隨風飛走。

根據後天派陽宅的理論，冰箱只能算是電器，所有的電器都不代表財或健康，電器就是電器，不會影響風水，想要放哪裡都可以，無所謂吉凶，即使放在陽臺上也不會有吉凶的影響。

■ 廚房可否開大窗讓陽光直射進來

一般認為，房間開了窗戶，尤其是天窗，陽光容易照射進來，會有破財、血光之災、生病等問題。

根據後天派陽宅理論，開窗戶的方向、方位、大小對風水並無吉凶的影響，當然，如果陽光太大造成炒菜、煮飯時眼睛不適，可以用窗簾或遮陽板遮起來。

■ 廚房刀具不可外露？

廚房因為要料理很多東西，擺放了許多工具，所以就有人說：廚房的刀具就是利器，會有煞氣，不可以擺在外面或是掛在牆上，這樣容易有破財的狀況發生，應該要收入櫃子內或是收在刀座中。

廚房用的刀具，如果不收起來，確實很容易受傷，但就後天派陽宅理論而言，重要的是廚房本身跟爐灶的位置，爐灶就是現在的瓦斯爐，跟刀具收放的位置比較沒有關係。當然，還是建議讀者把刀具收藏好，以防家裡的幼童輕易拿到，或是自己不小心割傷了。

■ 增建（包袱屋）會破壞風水嗎

許多屋主為了增加透天厝或是公寓一樓的可使用面積，將房屋後面擴建為廚房，從外面看起來，感覺就像多了一個包袱。有些風水書中提到，包袱屋會漏財，小孩會被寵壞，父母會受到孩子不孝的對待。

就後天派陽宅而言，增建不全然是壞事或好事，因為廚房在哪一層的哪個方位，要經過縝密計算才會知道吉凶，不一定會帶給家庭不好的影響，還是要根據廚房在整體樓層的位置，再來判斷吉凶，如果廚房在巽方，就要看一樓的宅主是哪一個宅，如果

■ 圖3-15　包袱屋示意圖

跟宅主搭配是在凶方，那增建的廚房就不會有壞的影響。

■ 廚房為何不能在房子中間

　　廚房如果剛好在房子的中間位置，以風水來說就是壓中宮，也就是壓八卦中心的位置，中央戊己土也是化育萬物之土，這不管是以後天派陽宅或其他派別來說都是不好的，容易造成健康上面的問題。

　　有些書籍或是其他學派提到，如果廚房在房子的中間，煮飯、炒菜時產生的油煙、燃燒的二氧化碳、熱氣、油煙，容易飄散到房間各處，久而久之會造成身體健康的問題。

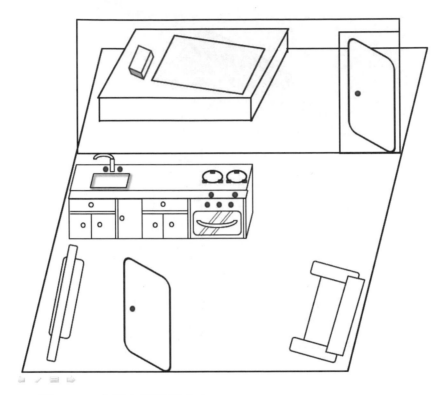

■ 圖3-16　廚房在房屋正中央

■ 其他禁忌

　　其他還有瓦斯爐太接近廚房門、廚房跟廁所太靠近或是相連在一起、瓦斯爐太接近窗戶邊、瓦斯爐上面有橫樑或是樑柱、水龍頭正對瓦斯爐等諸多禁忌。這些禁忌是否會對住戶造成影響純屬見仁見智。每種情況都有各方的考量，根據後天派陽宅理論，這些影響都是比較小的，廚房在整體房子的方位才會造成房子風水的吉凶，對居住者產生影響。

┃ 小小理論 ┃

後天派陽宅重視廚房的位置，廚房是烹煮食物的地方，也是家裡少數會有化學作用的地方。因為食物煮熟之後，就無法再變回生的，是不可逆的，也是化學作用，因此，廚房在後天派陽宅中是非常重要的，廚房的位置有吉凶的分別，是會影響健康、財運、子嗣的關鍵因素之一。

■ 廚房位置不對易造成夫妻失和

二○一五年，我曾去中和看了一間位在三樓的朋友的屋子。我認為朋友家坐辛向乙，因為廚房在一個不好的位置，容易造成夫妻意見相左。屋主也告訴我：確實，搬進來以後，夫妻的想法差異較大，讓他們非常困擾。這個問題只能靠移動廚房位置來解決，如果沒辦法移動位置，也只能建議他們搬家。

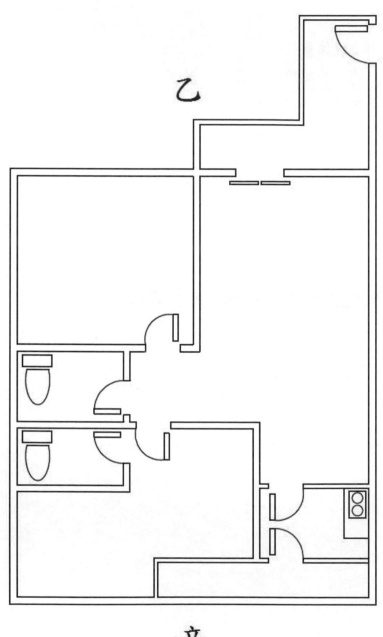

■ 圖3-17　廚房剛好壓在吉方

床該放哪裡

▣ 床的上方是否不能有樑柱

　　很多的風水學派都認為，樑柱會影響身體健康，所以最好不要睡在樑柱下面。事實上，這跟建築物的構造有關係，譬如，古時候建造房子，多半使用木頭來當樑柱，每當因為地震、火災、大水災等意外發生而造成，房子倒塌時，都是樑柱開始，所以如果在睡覺時發生意外，往往會被倒塌的樑柱所壓。但現代的建築物都是鋼筋水泥，柱樑比樓板堅固許多，在樑下放床睡覺已經不是問題，而且現代的裝潢，也會把樑的部分藏起來。當然，如果在樑下睡覺會覺得壓迫感，也可以移動床的位置來減輕心理負擔。

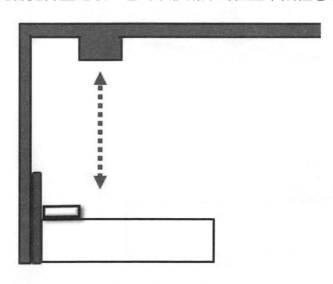

　　■　圖3-18　床上方有樑柱

總而言之，樑柱唯一的缺點，其實是心理上的壓迫感，特別是天花板高度較低的樓層，心理壓迫感特別大。除了這個因素之外，根據後天派陽宅理論，樑柱沒有任何缺點，亦無關風水吉凶。雖然有很多人認為，樑柱會影響生兒育女、健康、頭痛、漏財等，尤其是在辦公室辦公時，會希望頭上不要有樑柱。在後天派陽宅理論中，還是認為樑柱跟風水無關，這只是大家的心理作用，只要藉由裝潢美化，讓心情感到舒適即可。

■ 床的上方是否不能有吊扇、吊燈

很多風水書籍一說到床，就會提醒讀者，上方不能裝吊燈、吊扇。事實上，就如樑柱一般，裝飾華麗的吊燈或幫助空氣對流

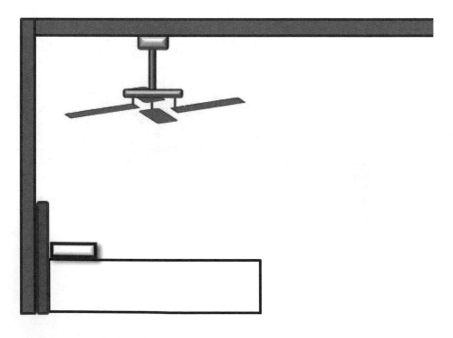

■ 圖3-19　床上方有吊扇

的吊扇，跟風水沒有關係，唯有在吊燈、吊扇沒有固定好時才會有關，這些主要還是心理因素造成的負擔。不過有些人會擔心，害怕萬一碰上地震或意外災害時，這些東西掉下來會砸傷人。若是基於這樣的理由，我會建議不要把吊燈、吊扇放在床的上方，至於將吊扇、燈設置在床的上方會影響身體健康、運勢的說法，請當作參考就好，重點是家人或睡在這張床上的人是否會在意，如果會，心理就會受影響、有負擔，在這種情況下，最好不要把吊扇、吊燈放在床的上方。

◾ 床是否不能對到廁所門

很多風水書籍都會提到，床的任一邊都不能對門，因為會造成煞氣、直沖睡床，對睡在床上的人會造成健康上的影響，尤其是不能對廁所門，直接看到馬桶，會有穢氣、濕氣，有時候還會帶爛桃花、損財。如果無法調整、床一定會對到浴廁門，就要把門關起來。

這樣的觀點在後天派陽宅理論中是不存在的，因為後天派陽宅是方位理論，睡床放在整個房子的哪一個房間，以及在房間中的哪一個位置，才會影響到床上的人。這跟床有沒有對到廁所，或是床有沒有對到房間門比較沒有關係。不過，如果心裡認為床對到廁所的門會造成運勢偏低，我們會建議還是移動床位，畢竟心裡因素也很重要，內心一定要平安、平靜，才會帶來身心的健康。

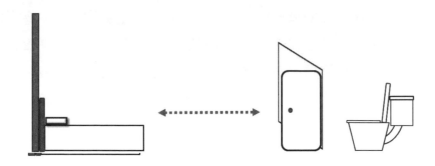

■ 圖3-20　床對到廁所門

▄ 床是否不能對到窗戶

　　床尾正對窗戶，或是床在窗邊，在許多風水書籍中也是個大忌諱。他們認為床尾對窗戶會讓人不安於室，總想要往外跑，也會有隱私容易外露及精神損耗的問題。床在窗邊表示人的氣容易流散，比較容易疲勞、睡不飽。

　　在後天派陽宅理論中，並沒有這樣的看法。窗戶是為了通風、保持空氣流通，無關吉凶。會影響風水的主要還是人進出的動線、氣場所造成的磁場變動，我們不會從窗戶進出，所以窗戶與睡床相對應的位置、方向、方位皆不會影響風水。

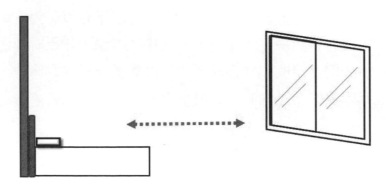

■ 圖3-21　床對到窗戶

■ 關於床的其他問題

　　床頭懸空未靠牆會無依靠、漏財，床對面有一面鏡子，半夜睡醒容易自己嚇到自己等等說法，都跟風水無關。床上方不要掛照片、床下面要淨空，不要堆雜物等等，以後天派陽宅理論來看，也跟風水沒有關係，不會影響吉凶，但是房間乾淨整潔，對於健康與心情都會有比較正面的影響。

> **■ 小小理論 ■**
>
> 　　根據後天派陽宅理論，床的安置最主要跟懷孕、生小孩有關係，所以古時候的安床，其實就是為了要孕育下一代。其他與懷孕無關的事，包括會不會影響升遷、生意、能不能接到訂單、財運會不會變好等等，和床的關聯性都非常小。

■ 移動床位，胎兒到位

　　二〇〇五年，我剛學後天派陽宅，當時公司的陳姓主管已結婚多年，卻一直沒有小孩。我主動跟他提起父親會堪輿、看風水陽宅，要不要請父親看一下，看看是否可以調整。主管欣然接受我的建議，並立即約了堪宅時間。

　　主管的房子位在土城的一個小社區，六樓坐丁向癸，生氣星入宅，是非常好的房子，所以這位主管換工作後不斷升遷。一開始他僅是一位課長，目前已經升任為副總經理。

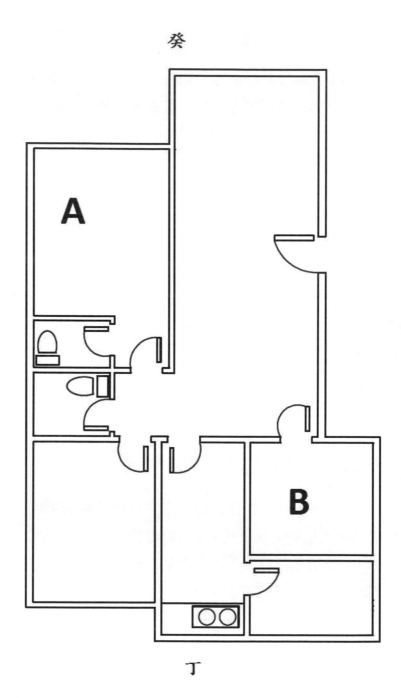

■ 圖3-22　床位由A移到B馬上懷孕

　　當時，陳姓主管住在此房的 A 房間，父親請他們換到 B 房間，並告知約一年後便可有孕。果然，過了一年左右，他們夫妻便懷孕生下一個健康的女寶寶。二〇一六年，我們在同事的結婚典禮上碰面，他非常感謝當時父親幫忙堪宅調整，讓他們有一個孩子，一償宿願。

　　當然，這樣的例子不只一件。後來，我調往公司的其他部門，新任的主管住在內湖，他們夫妻也是一直沒辦法懷孕，父親為他們堪宅後，建議他們換房睡覺，並把一間廁所封起來不用。果然，半年多後他們便懷孕生下一女，隔了一陣子之後，又懷了第二個胎並順利生產。我和這兩位主管一直保持聯繫，當時有許多同事也知道這些事，不禁嘖嘖稱奇。

■ 神明桌該如何安置

　　在民間信仰中，有許多關於神明桌的禁忌，很多人說，如果神明桌後面有樓梯會漏財、全家都會腰酸背痛，也會造成精神恍惚、心神不寧、思慮不清，此外，如果神桌後面的樓梯呈鋸齒狀，也會容易遇上小人。當然，坊間也提供許多化解方法，例如，用三十六枚古錢沿著神明桌後面的牆壁安置，或是把神桌移開樓梯，在神明桌後方和樓梯旁各做一道牆，讓牆與樓梯之間有一個空間，設法讓樓梯與神桌分開。

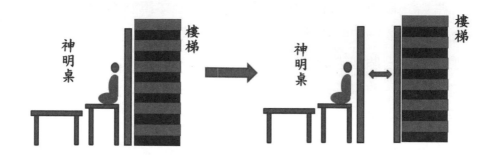

■ 圖3-23　再做一個空間，讓神明桌與樓梯分開

　　我們也常聽說，若神明桌後方有廚房，感覺就像有火爐在神明的背後燒，會讓神明坐不穩、讓神離開那個家，導致家的運勢會漸漸往下走。神桌後的廚房水管就象徵流水，也會讓家裡的錢財無法留住。化解的方法也是做一道牆，讓神明桌跟廚房之間有一個空間。

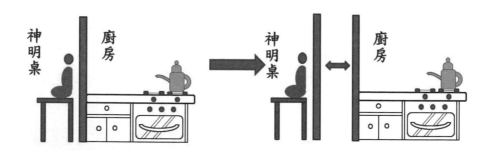

■ 圖3-24　再做一個空間，讓神明桌與廚房分開

　　在坊間的風水書中也常提到若將神位安在樓梯下方，可能會讓人容易遇到風險，跌落人生谷底、難以翻身，因為每次上樓梯都像是踩在神明的身上，造成以下犯上，再加上若神桌位於樓梯下面，大部分會比較陰暗，陽光不易照射，這也會令屋內的人失去好運、無法翻身。

■ 圖3-25　神明桌在樓梯正下方

　　其他還有很多細節，譬如，神桌不整齊，造成屋內的人終日瞎忙卻又賺不到錢。又有人說，若神桌後方沒有靠牆，工作就會不穩定、神桌後牆歪斜會聚集無形……，這些種種論調以後天派陽宅理論來說並無絕對的對錯。

　　當然，若能尊重神桌、講求窗明几淨，神明自然會欣喜，可幫助家裡的運勢，如果還能每天焚香祝禱，更是種心靈提升與慰藉，心情好了動力自然會足。

　　很多日本家庭都習慣使用櫥櫃型的供桌，可以開關門，方便又舒適，很適合現在都市的小坪數房子，不但收納隱密，想供奉唸經時，只要打開櫥櫃的門便可拜請神明。

　　神明是無形的，可以遁地飛天，後天派陽宅相信神明不會一直坐在神桌上，所以保持敬意比煩惱要將神明桌擺在哪裡更加重要。

■ 後天派陽宅安置神位的原則

後天派陽宅在安神桌時需要知道房子主人的出生年，在此，就與大家分享後天派如何安置神位（特別是祖先牌位）。

如果房子主人屬鼠、虎、龍、馬、猴、狗，亦即子、寅、辰、午、申、戌年出生的，可以把神桌放在家裡的東方或是西方，也就是甲、乙、庚、辛四個方位。

如果房子主人屬牛、兔、蛇、羊、雞、豬，亦即丑、卯、巳、未、酉、亥年出生的，可以把神桌放在家中的南方或是北方，也就是在丙、丁、壬、癸四方位。

如果屋主夫妻的生肖不同，一個需放南北方，一個須放東西方，那到底應該把神明桌放在南北方還是東西方？

後天派認為，此時可看誰上香拜拜較為頻繁來決定，如果多半是女主人在拜，就用女主人的生肖決定神桌方位，如果雙方都有拜，神桌擺在空間方便運用的方位即可，不需有太多罣礙，只要心裡舒坦，很多事情自然迎刃而解。

■ 看見屋頂水塔是否代表吉凶（藥罐煞）

坊間的風水書籍或網站，經常提到一個很特別的煞，那就是「藥罐煞」。之所以說是「藥罐煞」，乃是因為每一棟大樓都有的水塔，從門或窗戶遠遠望去，感覺就好像藥的罐子一樣，看到這些瓶瓶罐罐，心理難免有些彆扭，所以，有些人就會把身體的病痛與種種不舒適歸咎於這些水塔。

這些水塔跟風水到底有沒有關係？根據後天派陽宅理論，只要是比自己居住的房子還高的都算「煞」。因此，如果這些水塔

■ 圖3-26　水塔（藥罐煞）

■ 圖3-27　水塔（藥罐煞）

比自己的住家高，並且以自己居住的住宅方來看位於凶方，它就可能會影響居住者的健康。不過，身體生病，通常其來有自，一定是某些因素造成，或許是作息不正常，也可能是因為暴飲暴食、不運動或運動過度。必須自己或請醫生確認上述基本因素，能醫治就要優先對症下藥、進行醫治，不能直接怪罪風水。

不過，如果是陽宅造成的健康不良，多半會是慢性疾病或無

法醫治的病，也可能老感覺不舒服，卻查不出原因，就像常見的頭痛、偏頭痛，醫生通常找不出原因。以後天派陽宅來看，極有可能是房屋的「乾方」有陽宅上的問題。某些精神上的疾病，有些也是此陽宅格局不好的原因所造成的。

如果房屋外頭真的有很多水塔，自己又身體不好，那極可能是巧合，不能適用所有陽宅。因為只要樓層高一點，幾乎都可以看到許多水塔，難道住高樓層的每個人都會身體不好，需要經常看醫生、吃藥嗎？

■ 屋子格局不對將影響身體健康

某次我去竹北看宅（如圖3-28），該宅位於七樓，視野遼闊，可以看到下方有很多水塔。這對夫妻已經在這裡住了六年多，育有兩女（不是在這裡出生的）。屋主告訴我，女兒常生病，且每回生病，若是別人可能三、五天就好了，但女兒總需要一、兩個星期。加上外面有很多水塔，聽別人說這是「藥罐煞」，會讓自己的女兒容易生病。

我確認了一下該房的格局，以後天派理論來看，這並不是吉屋，而且屋內五行不平衡。若不是吉屋，對身體、工作、運勢都不好，剛好只是居住者租賃於此，以為是藥罐煞的關係造成身體比較虛弱，就以此理由搬走，以後天派而言，實際上是因為屋內的格局不佳，導致影響健康，而非藥罐煞所致。

只要是人，一旦出了事，都會想找出原因。所以，那些水塔自然就會被視為原因。有些風水老師會說，可以用八卦鏡、山海鎮對著水塔，在碗內放一枚硬幣，或是在碗內貼一張十元大小的紅紙，面對水塔，表示藥已經吃完。但後天派認為，藥罐煞不一

戌

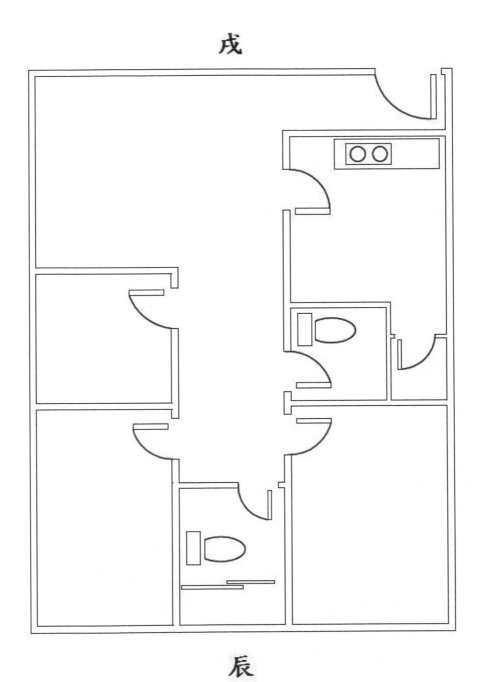

辰

■ 圖3-28　格局不好，身體難以健康

定會對身體健康造成很大的影響，所以那些解煞的方法多半只是心理作用，可能不會有任何的幫助，當然，也不會有任何傷害。已經放了這些東西的朋友無須緊張，如果放了之後心裡比較舒坦，做事情感覺也比較順，繼續放著也無妨，但後天派陽宅還是比較重視屋內的格局。

■ 屋外煞也要考慮科學

在臺灣的社會，很多人都覺得風水很重要，但大家往往會非常相信比較不重要的煞，在此，我將說明大家在意的這些煞，是否會對住家、辦公室有這麼的影響。

有些人說，這些屋外煞就是「煞」，這個我當然不否認，它們多多少少會造成一些問題，但在現代都市中，不管到哪裡都會有這樣的屋外煞，以後天派陽宅理論而言，距離一百公尺以上就不會有影響，不必擔心。

■ 何謂壁刀煞、屋角煞

若住家的房子前面有另一棟房子，可能會因為土地規劃的關係，恰巧沒有跟自己的房子對齊，導致對面的牆角正對到自己的房子，像是一把大刀對著自家，而這個對的位置可能是客廳、房間、廚房等等。

基於現代都市規劃，一條大馬路上，兩旁都是住家建築，很容易會有這樣的壁刀煞。如果這兩邊建築物是平行的，如次頁圖A、B棟的房子，以後天派陽宅理論來說，沒有壁刀煞的問題。

以屋角煞來看，必須滿足以下兩個條件（如圖3-29的C），

才會對住宅造成影響。

1.對面的大樓必須是樓角，且剛好對著你的住家或大樓，若非樓角則無妨。什麼是樓角？就是大樓、房屋邊角的九十度（箭頭）部分剛好正對你家，如此你們這棟樓才會被影響，跟自己所居住大樓平行的並不算是樓角。

現代社會中，很多人都住在都市裡，都市的規劃幾乎都是棋盤式的，也就是說，大馬路兩旁都是大樓，很容易會對到壁刀煞，這麼一來，不就幾乎每一戶都會有風水上的問題嗎？

2.面對住家（或大樓）的建築物，必須高於自己居住的這一棟許多，才會形成「煞」。因此，如果你們是一棟二十層的大樓，對面即使有樓角的箭頭對著你們，但是形成屋角煞的卻只是一層十層樓的建築，那影響就小一點，這樣的「煞」不容易影響到風水。

有「煞」會怎樣呢？其實也沒有那麼可怕，以後天派陽宅來說，屋內的內部格局比外在重要許多，也就是說，如果你的房子本質極佳或極差，樓角的「煞」影響會非常有限，大家不必太緊張。

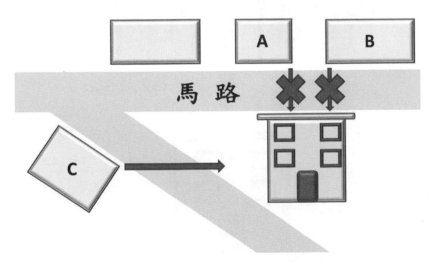

■ 圖3-29　壁刀煞、屋角煞示意圖

■ 天斬煞

　　若住家前方有兩棟大樓平行而立，且中間有一道縫隙，住家又剛好面對此縫隙（如圖3-30），因為物理作用，通常風會比較大，以科學的角度來說乃「峽管效應」，當氣流由寬廣的空間進入窄管，氣壓會被壓縮，風速也會變大。一般風水書或網路上都說犯了此煞會有血光之災、橫禍降臨、諸事不順等等，但若用科學的角度來看「天斬煞」，現在的房子都是鋼筋水泥，窗戶也都是鋁窗，甚至是氣密窗，若風速大一些，就把窗戶關小一點或是全關起來，這樣還會影響到自家的健康跟平安嗎？我們不是要否認有天斬煞，但以後天派陽宅理論而言，這種煞的影響遠小於室內格局。

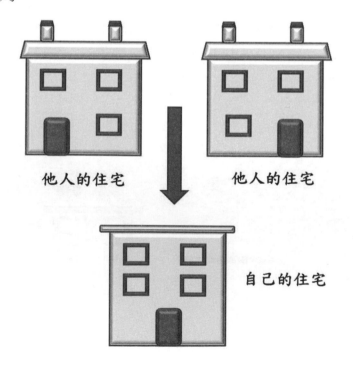

　　他人的住宅　　　　　他人的住宅

　　　　　　　　　　　　　　自己的住宅

　　　　■ 圖3-30　天斬煞示意圖

■ 反光煞

　　古時候，陽光會因為海面或是湖面的反射，讓我們覺得有點刺眼，現代則是有許多高樓都用會反光的玻璃，陽光很強的時候，很容易就會反光照入家裡或辦公室。有些風水老師會說，這種反光造成的煞容易讓夫妻吵架、心神不寧、影響事業。

　　以後天派陽宅理論來說，反光就是反光，不會有煞的問題。當然有些人會說，刺眼就會看不清楚，看不清楚不是「煞」，以科學的角度來看，若是反光，用窗簾遮起來就好，如果還想保留些許光線，可以用比較薄的窗簾，如此光線依然可以進入房間或是客廳，不需要疑神疑鬼、怪東怪西，有什麼事情還是要追根究柢，不要讓心理因素影響到自己對事情的判斷。

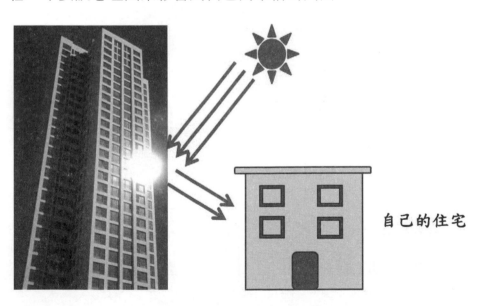

自己的住宅

■ 圖3-31　反光煞示意圖

◢ 頂心煞

有人說，住家面對路燈、大樹、電線杆等就是頂心煞，居住者會脾氣暴躁、運勢下降、有血光之災、視力受損。但以科學的角度來說，如果門口有大樹，就會有較多的昆蟲，有路燈的話，晚上房間會比較亮，如果有高壓電線，那就要看產生多少電磁場高斯，為避免電磁場對人體造成傷害，有些歐美國家會規定高壓電線與住宅的距離要大於三十公尺，但是這是科學知識，也不是風水。

■ 圖 3-32　頂心煞示意圖

◢ 蜈蚣煞

不管在都市還是在鄉村的馬路上，都有很多電線杆（如下圖），看起來就像蜈蚣一樣，這就是「蜈蚣煞」。很多人會說，蜈蚣煞會造成口舌之爭、工作不順，可以在窗口上放一隻銅的公雞擺飾，以「公雞吃蜈蚣」來化解這樣的煞。以後天派陽宅理論來說，用公雞的擺設來化解煞，真的是「無稽之談」。關於高壓電

線是否會影響身體，必須交給世界衛生組織或科學家來解釋，本書就不多做探討，但以後天派陽宅來說，真的沒有用擺設來化解煞這回事。

■ 圖3-33　蜈蚣煞示意圖

■ 菜刀煞

　　現代社會很重視廣告，所以在交通繁忙的地方，常常可以看到很多大型廣告招牌，看起來就是菜刀一樣，因而形成「菜刀煞」。有些風水書上說，如果招牌對著住家，就會對家中成員的健康造成傷害，脾氣也容易暴躁；如果對著店家，就會造成生意下滑。以後天派陽宅理論來說，這些「形煞」對風水的影響非常小，主要還是心理因素。如果距離超過一百公尺，影響更是小，當然，如果想要擺山海鎮或是其他風水老師建議的擺設，讓心理比較舒服，那也是無妨。

■ 圖3-34　菜刀煞示意圖

宮廟煞

　　傳統風水也說，自己住家的對面或是旁邊如有神壇、宮廟、教堂或是警察局，容易有口舌之爭、官司纏身，因為這些地方環境比較雜亂，陰氣可能會比較重，無形的神明也比較多。很多老師的化解的方法都是掛八卦鏡或四神獸的風水盤，藉以改善家中風水。不過，以後天派陽宅理論來說，重要的還是自家內部的格局，若自家內部格局佳、風水好，自然不用擔心房屋外有那麼多「煞」。

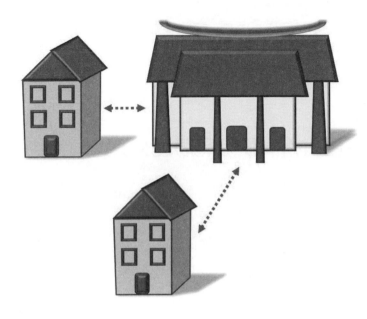

■ 圖3-35　宮廟煞示意圖

■ 白虎煞

　　大家都知道左青龍、右白虎。所以很多人都以為白虎煞是自家住宅右方有高樓大廈或很高的電塔。事實上，右白虎的意思是，白虎在西邊、青龍在東邊。風水是方位學，不是左手右手就可以決定吉凶，我提出這個例子，也是要告訴大家，不要輕易相信眾人口耳相傳的說法，依照左青龍、右白虎

■ 圖3-36　白虎煞示意圖

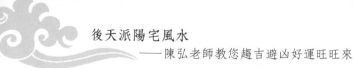

安排格局，每一個座向的吉方與凶方都是不同的，不能將一個理論用在所有的地方，像白虎煞或靠山太高煞等只要看看就好，不需心存罣礙，也不用自尋煩惱。

■ 改變屋內格局便可戰勝屋外煞

有一次我到臺北中和為一位SPA老師的個人工作室勘查風水。這個老師之前生意非常好，後來突然生意都不見了，她很緊張，於是找我去堪宅。走進她的個人工作室後，我便發現屋外有三大棟剛蓋好的高樓大廈，也有屋角對著工作室。

工作室不大，大約擺了三張床。因為SPA老師的學生也會提供服務，所以同時間不一定只有一位客人。SPA老師說，外面的三棟大樓蓋好後，生意就突然沒有了。我確認了一下方位，發現這間房子是坎宅走離門，是非常好的房子。於是我跟SPA老師說，妳剛搬來的時候，生意一定非常好。老師說：是的，沒錯。後來，我建議她先把廁所裡面沖澡的門拿掉，並更換煮水壺的位置，如果生意有變好，再考慮加一個儲藏室。

更改裝潢對一般人來說不是那麼容易，因為一般人通常不願意花錢改格局。所以我以為SPA老師，不會把我所有的建議都放在心上，只會簡單的把廁所裡的沖澡門拿掉，並且移動煮水壺的位置。

沒想到過了兩個月之後，SPA老師打電話問我，要怎麼加一個房間和一扇門。SPA老師說，她只把廁所內沖澡的門拿掉，並移開煮水壺，生意便有改善，所以想依照我的建議，增加一個門，讓生意更好。

「屋外煞」有時候真的沒辦法解決，因為我們不能拆人家剛

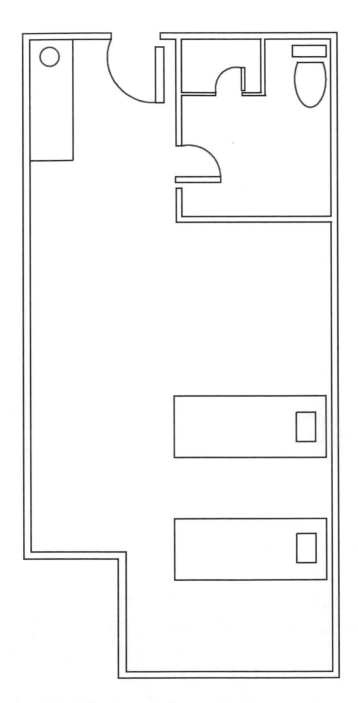

■ 圖3-37　SPA老師個人工作室格局圖

蓋好的樓房、政府的電線杆，甚至是捷運站，只能改變自家的格局，若自家風水格局變好，自然就不用擔心屋外煞了。

▌小小理論▌

　　若將房子比喻成自己的身體，那屋外煞就像是病毒或細菌，有些人不敢接近感冒的人，因為自己很容易因為接近他們而感冒，也就是說，體弱的人容易受到外在環境影響，導致生病，風水的格局不好，也是很容易受到屋外煞的影響。有些人，確實是身體強健、很少感冒，陽宅風水也是一樣，先搞定自己的格局以及五行平衡的安排，格局對了，自然就不用擔心這些外煞，畢竟它們的影響十分有限。

　　有些風水先生會說，只要擺上風獅爺、風水盤、山海鎮等即可化解，對後天派陽宅而言，這些東西跟風水格局關係較小，大家要記得，氣場、磁場不會輕易受這些東西左右，以免花了不該花的錢，如果只是要求個心安，花點小錢倒是無妨。

■ 詢問鄰居狀況，驗證風水師功力

　　後天派陽宅堪宅有其獨門見解，基本上不受居住者的影響、不太受常聞之「煞氣」的影響，亦不受擺飾、畫作、傢俱左右。因此，在堪宅時，看法經常和屋主的意見有所出入，換句話說，屋主對於陽宅風水的既定印象與後天派所認定引發吉凶之要素有很大出入。後天派堪宅的程序大致如下（在之前的章節已述）：

1. 以羅盤在屋外各處詳細確認坐向

羅盤需於屋外量測，才能準確判斷方位坐向。老師一到堪宅處，一定會先在房子的周圍使用羅盤，確認確切的方位，我們通常不會在屋內使用羅盤，因為羅盤會受到鋼筋水泥、電器的干擾而嚴重失準。

2. 進屋後，量測屋內各個尺寸，製圖需一絲不苟

進入屋內，必須先量測，並用「尺」把房內格局等比縮小。如此才能正確判斷房子的方位。如果需要更改房子，有時候還要精準到「公分」。譬如，如要移動大門的位置，老師都會建議需要移動幾公分到幾公分的距離，才能逢凶化吉。

3. 詢問屋主左鄰右舍的狀況，加以求證

如果是居住十年以上的房子或是舊社區，多少都會知道左右鄰居的狀況。我會先提出左右鄰居，哪一家好、哪一家沒有那麼理想，以確認計算上是否有失誤。

4. 正式斷吉凶、提供建議

確認以上三件事情之後，我才會跟屋主說明，此屋久住會造成什麼結果，並且提供修改房子的建議。當然，對於屋主的詢問，一定是用後天派陽宅的理論來回答，譬如：屋外煞的建議、如何增加運勢、更改格局等等，若屋主針對風水還有其他疑問，我也會詳細回答。

所以，如果想驗證風水老師的功力，可以試著詢問風水老師左右鄰居的狀況，尤其是居住十年以上的住宅，陽宅對家裡的影響更是明顯，特別是非常好的陽宅風水跟非常不好的陽宅風水，風水老師一定可以馬上指出，並且得到驗證。

■ 裝修前定格局，掌握最佳時機

　　朋友的弟弟是消防隊員，有一次他在隊上跟同事聊天時，提到我會陽宅堪輿，恰巧他有一位學長剛買了新房、打算裝潢，所以找我去看看，並給他裝潢的建議。

　　那天早上我很早就出發，朋友也和我一起前往。那個住宅附近有個小公園，也有個小小的停車場，對於現代家庭來說，生活機能非常不錯。

　　我確認了方位，但是屋內的長度超過十六公尺，以後天派陽宅來說，這樣的長度需要運步，也就是說，屋內相對於羅盤的方位會轉向，吉凶的位置會變化。

　　我給了屋主一些建議，本來大家聊天聊得很開心，突然，我看到對面的房子，也去確認了一下大約的吉凶。後來我問屋主：，對面房子的屋主也住了三、四十年嗎？屋主說，沒錯。我說：如果是在這屋子裡面生的小孩，應該會有一男、兩女，隔壁那邊頂多也是生一個男的，其他都是女兒，此外，對面的老父比較容易早逝（我所說的早逝指的是六十多歲），要多注意。

　　說完，屋主便去幫我們買飲料。買完飲料回來，屋主才跟我們說，對面隔壁的父親大約六十多歲，上個月的時候，突然有救護車來把他載走，之後才知道是心肌梗塞，突然去世。而且，對面確實是生了一個男的，其他都是女生，隔壁也是。

　　所以屋主就問我，如果他們在這邊生孩子，會是男孩還是女孩。我回答，也是有男有女。屋主聽了非常開心，因為他希望可以有個女兒。

　　後來，這個案例的屋主在裝修房屋時，便按照我的建議來修改。這個房子的前屋主運勢並不是太好，以後天派看來，這屋子

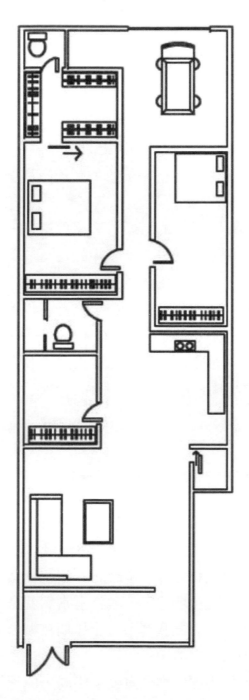

■ 圖3-38　消防隊員住家格局圖

之前的格局確實不是很好。但在我的建議之下，現在已是吉屋，相信屋主住進來之後會健康平安。

▌小小理論▐
屋長超過十六公尺該如何更改格局

後天派陽宅認為，屋長超過十六公尺便需要做運補的動作，請注意，是「運補」，不是補運。有些人會以為這就好像是一般人所說的補運，讓運勢變好。實際上，運補的意思是羅盤方位需要以順時針或逆時針的轉向，作為判斷依據，但是，並非過長就不好，在有些很老的房子，或是臺灣南部的獨棟老房子都還可以看的到這樣的狀況。有些人會在屋子中間做一個天井，讓屋長不會過長，這也是老祖宗的智慧，這個天井不但可以讓光線照進來，保持通風，也可以讓風水保持在很好的格局。

■ 辦公室和住家風水的交互影響

很多人常常會問，家裡的風水格局跟辦公室的風水格局，分別會影響什麼？為什麼還要調整辦公室的風水格局？

家裡的風水格局會影響三個層面：生兒育女、財富、健康，這在之前的章節已經說明過了。辦公室當然就是影響公司的財富和賺錢力度的大小，因為我們不可能長期在辦公室裡睡覺，或是在辦公室做家裡做的事情。

公司賺錢的能力要看辦公室風水格局，能不能存到錢就要視家裡風水格局而定。如果辦公室風水好，產業又很好、能獲利，

但家裡的風水格局不好，就會出現常常需要把賺的錢拿回家補洞；一會兒可能誰出事情，需要大把銀子，一會兒在家裡的某人可能投資失利需要拿錢回家，造成挖東牆補西牆的現象。

如果剛好相反，辦公室的風水不好，家裡的風水很好，那辦公室可能不賺錢，但家裡是有一點資產的，反而是要常常從家裡拿錢去資助，幫公司度過難關。

■ 因凶宅發凶，一生打拼皆付諸流水

家父在二十多年前開始幫認識的好友或企業家看風水，也曾幫某企業主改工廠。改完之後，工廠的營運漸入佳境，由小工廠慢慢發展、越來越具規模。後來這個企業主的兒子從加拿大學成歸國，他自己創業、跟合夥人一起租房子，也請父親幫忙看辦公室風水。父親看完後跟他們說，那間房子只能待一年（因為屬於五鬼格局），賺錢雖快但損失更快，一年後必須另尋辦公室。

這個企業主的兒子也很厲害，在短短一年內便賺了上億臺幣，但是人在順遂的時候，總是不想搬離他發跡的地方。第二年，那家公司居然反轉虧了幾億臺幣，讓企業主一輩子的打拼都毀於一旦，必須用自己過去賺的錢幫兒子還債，而且一直到現在（二〇一九年）都還未還清。

■ 工廠轉辦公室該如何布局

大約從一九九〇年開始，臺灣有很多工廠都逐漸開始往大陸轉移，原本的廠房就變成辦公室。辦公室的人員坐在哪裡是一個很重要的布局，尤其高階主管的位置更是重要。如果管理階層坐

在吉方，很容易帶領整個公司或部門走向比較容易獲利的方向，或是讓公司順利拓展；如果不是吉方，則容易讓業績或公司的獲利下滑。

我曾經待過的一家上市公司，位於某棟大樓整層十樓的六樓。它本來也是家工廠，後來工廠移到大陸跟東南亞地區，臺灣就把工廠改成辦公室，公司內部的各個位於不同的樓層，剛好我的部門樓層搭配大門屬吉，因此部門在公司中的獲利總是名列前茅，讓我不得不更加重視辦公司風水陽宅的布局。

我待過的另一家大公司〇寶科技，分布在臺灣幾個不同的地方，包含內湖、中和、新竹等。在於中和的公司本來是工廠，現在也變成辦公室，以後天派陽宅理論來說，這個廠區整體是很好的生氣星入內，表示產品出貨方便順利、接單順暢，以流年來看，二〇〇二至二〇一三年會比較辛苦一點，但根據後天派的推算，二〇一四年以後便會逢凶化吉、越來越順利，生意也能日趨穩定，這家公司一直以來都有獲利，並且是續優股中的模範生。

■ 辦公室不方正，業務就不穩定

在中和中正路和中山路交叉口附近有一棟商業大樓，它本來是國華人壽經營的，現在已經改由全球人壽經營。這間大樓形狀並非方正，一樓也有很多入口，造成門多氣散。有些公司雖然租了一整層樓，但不僅格局不方正，中間又中空，這樣的公司在經營上會比較容易遇到困境。有時候生意雖好，但是大部分生意都不容易維持，進駐該樓越久的企業，越容易遇到困境，很難持續讓營運維持在高檔。如果公司不是租一整層，只租了部分區域，且是方正格局，就有機會是好的格局，辦公室的氣場可以幫助企

業越來越好。

　　一家好的公司若風水對了，便可長久永續經營。

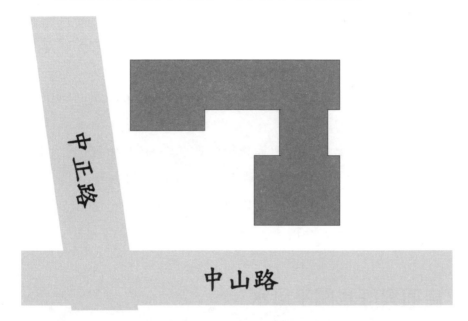

■　圖3-39　新北市中和區中正路與中山路交叉口大樓平面圖

格局不好將使業務難以發展

　　好友自二〇一五由大陸返臺後，便進入國內某上市公司工作。好友經常提及該公司面臨轉型，生意發展受限，經營者費盡心力，積極尋求轉虧為盈之法。無奈的是，一年好一年不好，生意一直不見明顯起色。

　　雖然商場變化萬千，但以後天派理論來說，仍是有脈絡與軌跡可以遵循、改善，特別是一樓店面的生意，與大門的位置，陽宅起了最關鍵之角色。二樓以上，後天派會希望安排吉星入宅以求生意興隆、場所平安。於是好友與我就在好友公司的辦公大

樓，進行辦公室的吉凶運勢勘查。

該公司是坐酉向卯，雙拼十樓，開離門造成六煞星入宅之格局，六煞星的特色就是每年運勢很不穩定，某些年生意尚可，但某些年卻生意冷清，甚至賠錢，雖然管理階層很努力的接單，且公司的技術在業界也屬領先地位，但總還是會遇到某個客戶突然砍單，某個客戶資金周轉不靈，導致貨款拖延，或是談到的生意突然殺出程咬金等等。

家父常說，生意不能單靠陽宅的影響，一個生意成功與否需要各方面的配合，產品、行銷、價格、運勢，缺一不可。但至今從沒見過陽宅不佳，生意卻做得好且長久持續的，因此，陽宅也是生意成敗的關鍵，不得不謹慎。

■ 店面興旺也關乎風水

臺灣有句諺語「坐東向西，賺錢沒人知」。以後天派理論來說，座東向西、開坤門是非常好的格局，對做生意而言，更是不錯的方位座向。

■ 店面以哪個坐向為佳？

臺北市的房子有很多都是正南北向或正東西向。什麼是正南北向的房子？用羅盤來看就是子午向，或是壬丙向，而正東西的房子就是甲庚坐向，或是卯酉坐向。

也有很多商店商家，位於正東西的坐向的街道，往往坐東向西的生意會比好，有人可能會問，坐南朝北跟坐北朝南哪一種方位比較好？當然是坐北朝南，開中間的門，風水位置是比較好

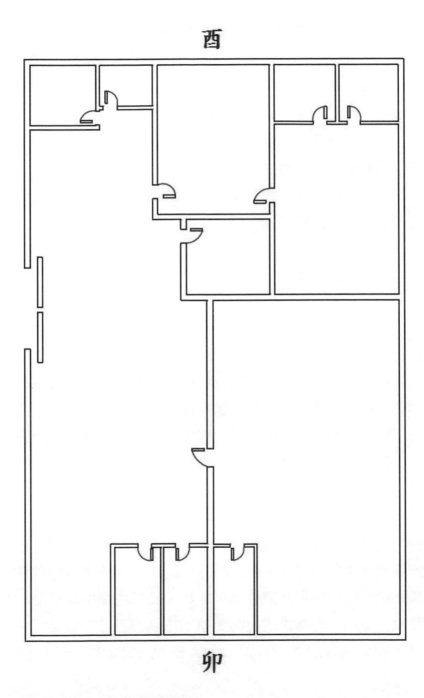

酉

卯

■ 圖3-40　上市公司格局圖

的，因為座南朝北的大門方位必須是特定的位置，一般民眾比較不知道要怎麼開大門的方位，開中間的門不是非常好，開虎邊或龍邊也都不好。

如果是東南、西北向的街道，用羅盤看，就是乾、巽向，或是巳、亥向，我們會發現坐東南向西北的一樓生意，大致上也會比坐西北向東南的一樓生意要好。

如果您是開店的業者，或許可以做個統計，看看店面落在什麼坐向時生意會比較好。

■ 大門乃店面風水之關鍵

以店面來說，最重要就是大門，因為所有的人潮都要從店門口進出，大門當然非常重要。有些商店是賣食品的，譬如麵包店、飲料店、小吃店，這些店可能會有廚房、烤箱，這個時候廚房的安排也很重要，廚房最好是安排在吉方，有些店面會有辦公人員，需要處理一些文書資料，譬如：律師事務所、設計公司，這時人員的座位也是要安排在吉方，這樣比較容易招到優秀的人才，人員的流動也會比較小。

我一位朋友的店面（如圖3-41）坐未向丑，大門的位置不是很對，所以生意也是起起伏伏，時好時壞。我當然希望對方生意越來越好，於是建議他更改大門的位置，並且把廁所移到外面，這樣的話，店的生意應該會越來越好，員工也會比較穩定，不容易離職。不過，因為修改大門要動工花錢，店家老闆通常會有所顧慮，因此就會遲遲沒有動工，店裡的生意當然也就維持原樣了。

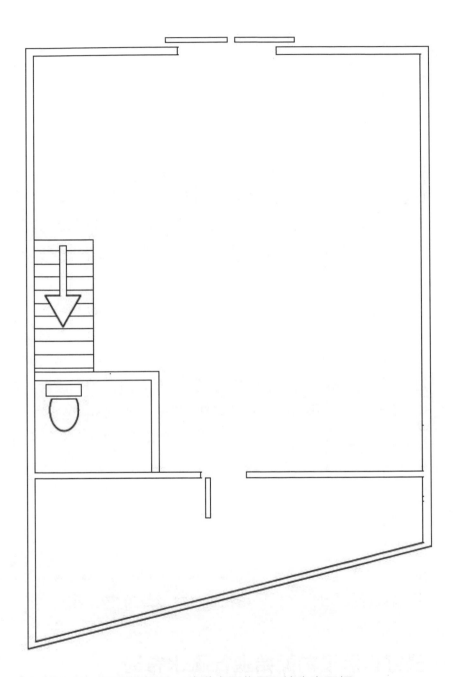

■ 圖3-41　店面格局圖，移動大門位置可讓生意更好

■ 曾經失敗的店面未必無法再起

家父在一九九八年初，協助西點麵包的H師傅開店，H師傅曾經在世運西點當師傅，那年H師傅想開店創業，他在新莊看中了一家因經營不善而打算頂讓的店面。H師傅的親朋好友均持反對意見，因為接手一間生意一直沒有起色的同行店面，不只是西點麵包界的禁忌，也是各行各業的禁忌。但H司傅考量到自有資金不夠雄厚，而新莊的這家店面開價不高，還在他能力範圍之內，相對其他店面，投資也比較小，所以想要放手一搏。也因此，他請家父看看，能否在陽宅上有所助益。

這家麵包店坐酉向卯，原本的大門開在中間門，就是由卯的地方進出，前半段是店面，後半段是生產工作間。家父實地堪察後告訴H師傅，依後天派陽宅理論，可以修改陽宅，讓店面的格局對店裡的生意產生助力，作法是將店面入口做轉向設計，再建造一小段走道，由原先的震門轉為離門進（如圖3-42）。

H師傅開店後，投入全家大小所有人力，師傅帶著兒子製作、生產，太太在店面招呼客人。因為H師傅手藝了得，第一年就將生意做起來了。租用將近十年之後，房東看生意不錯，以自用為由收回房子（同樣是開西點麵包店），不再租給H師傅。

H師傅只好轉移陣地。後來，他在泰山找到一間坐南朝北的店面，另起爐灶。當然事先也請家父給予陽宅上的建議。家父建議泰山店面開癸丑門，結果麵包店至今依然持續營運。

■ 最好從裝潢前開始進行風水布局

很多人認為，要找好地理、好風水，就要聚氣、要背山面水、

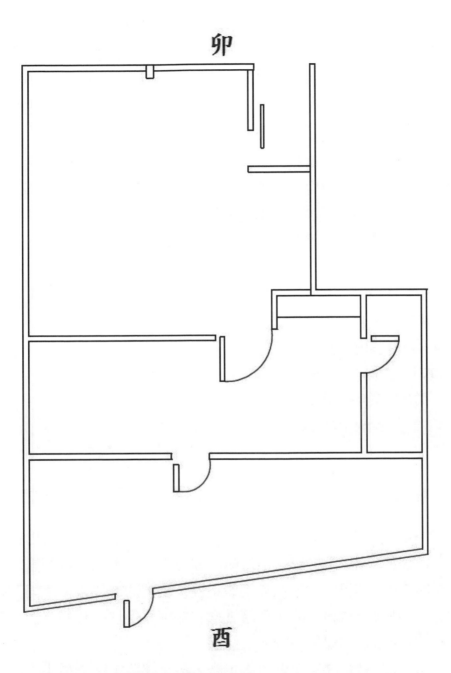

卯

酉

■ 圖3-42　更改麵包店大門生意長紅

山明水秀，基本上這都沒錯，只是後天派更重視房子的格局。

　　每一塊地都可以是好地，端看如何規劃，譬如：客廳位置、廚房位置、廁所位置與進出每個房間的門。

　　每一塊土地就像是一塊布料，要怎麼剪裁這塊布，讓它變成好穿的衣服，便是風水布局。

　　所以我們經常會聽說某棟樓房，有某一戶人家比較有成就，哪一戶人家做生意容易成功，或者某戶人家的運勢較差，其實這都跟風水有關。以後天派陽宅來說，每一層樓的格局或是論斷吉凶的位置皆不同，因為每一層都有其所屬的金、木、水、火、土的五行。

　　尤其是住了十到二十年以上的房子，居住者受陽宅的影響會更深遠，也會自然而然產生變化，以致有些人比較容易頭痛，有些人容易腸胃不舒服，有些人全身都有病痛，但去醫院卻找不出什麼原因，有些則是夫妻之間意見容易分歧。

　　因此，我們會建議購屋時可以考慮新成屋或是預售屋，這樣就可以直接挑選樓層與格局，也比較容易布局。

■ 相異於樓房，工廠的吉凶運算自有一套邏輯

　　後天派陽宅對於工廠的論斷吉凶方式與樓房不同，也就是說，工廠必須以另一套算術邏輯來運算吉凶，整個運算的重點還是在坐向，如果門的方位和樓層不同，吉凶的方位也都不同，因此在安排廠長或員工的座位時就會有差別。當然，我們喜歡盡量要把廠長跟員工安排在吉方的位置。

　　家父也曾幫幾家企業規劃工廠，後來那些工廠都從小小的規模，慢慢變成大廠，其中，有做醫療床的加工鐵工廠，有化工類

的鞋墊工廠，還有做天然橡膠的床墊工廠，它們的生意都因為調整過風水格局而變好，員工流動率也變低，同時，也能招到優秀的人才，在各方面都有所改善。後來，這些企業家還是常常來找家父，不管是擴建廠房或是到大陸擴廠、到印尼設廠，一定會請父親去確認工廠的格局安排是否妥當。

■ 父親精準預測華碩大陸工廠的發展

在二○○七至二○○九年，我在大陸蘇州長住時，父母曾來探望我。當時華碩（即現在的和碩）有兩個工廠，一在蘇州，約有近十萬名員工，一在上海浦東，約有兩萬多名員工。既然父親來看我，我當然也請他看看兩間工廠的陽宅風水，目的之一當然是想要知道公司未來的發展，另一個目的，主要是想要驗證一下後天派陽宅的理論。

蘇州廠坐西向東，坐向上有兩個主要的入口大門，均屬於震卦，如圖3-43。依後天派工廠編宅尋得是震宅，伏位吉星。推算門運從二○○○年起，門運屬木加上震宅震門伏位均屬木，眾木成林，所以發展的很好。

上海廠坐南朝北，主大門在壬亥的位置，如圖3-44，為尋得宅主，父親在廠區外繞了一圈，依後天派編宅是坎宅。以大門卦象論，不算理想，但是以大門五行論是比旺好的現象。當時家父告訴我，今年（戊子年）起門運會好轉，逐漸成長，將來會勝過蘇州廠。當時我每星期在蘇州廠待三、四天，在上海廠待一、兩天，根據感覺與經驗，我比較喜歡蘇州廠，也認為它比較有發展。所以我問家父，為什麼上海廠會比較強。

父親回答：因為門運及五行生剋的關係。上海廠從今年（戊

子年）開始門運是木，和大門五行相生，會順著運勢發展。而蘇州廠到二〇一一年後便沒有門運，會逐漸退縮轉弱。

　　我在二〇〇九年回到臺灣，當時我還將父親的論斷用e-mail寄給同事，想要留下證明，並在往後確認是否如此。而當我在二〇一八年打電話詢問還在和碩的舊同事時，同事告知，二〇一七年，上海廠約有十萬員工，蘇州廠縮減至僅剩三、四萬名，可說是兩廠人數互換、發展隨門運各有變化，剛好也驗證了後天派陽宅理論，很多前同事都知道這件事。

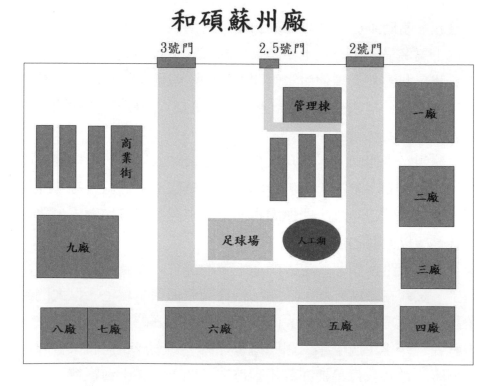

■ 圖3-43　和碩蘇州廠平面圖

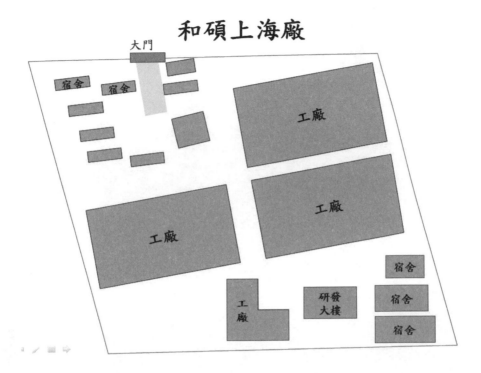

和碩上海廠

■ 圖3-44　和碩上海廠平面圖

第四章

買房、租屋前必知的
風水基本常識

很多人會問，在還沒找風水老師來確認風水好不好之前，有沒有什麼自己可以先注意的地方。因為很多人都有這個需求，所以我特地寫了這個章節，告訴讀者，可以自己先行確認風水的八種方法。

■ 廚廁不能在房子正中央

堪宅多年，有些屋主要會求我們幫忙尋找合適的房子。這個時候，我們通常會請房仲帶看大量的房子，過程中，有時會看到有些房子的廚房或廁所在房子的中間，廚、廁壓在房子中間，就是所謂的「中宮受壓」。我們可以用一個簡易的方法來判斷：把房子的平面圖劃成九等份，中間那格的位置就是中宮（此原則適用於大部分的房子）。

中宮就是中央，在河圖、洛書中，中間屬戊己土位置，稱為中央戊己土，是化育萬物之土。就八卦來說，壓了中間會讓八個卦位多少都受到影響，其中包括好的與壞的影響。

房子的中宮不宜擺放廚房、廁所，若有廚房、廁所，會導致諸事不順。最好的方式是讓中宮保持乾淨、整潔，在某些建築設計裡，會讓中宮成為走道。

若我們將一間房子比喻為一個太極八卦，廁所在房屋的中央（也稱為中宮），等於一個汙穢的東西放在太極八卦的中央。就邏輯上來說，除非把廁所移到中宮之外，不然沒有其他方式可以解決。倘若不使用廁所，建議水龍頭也不要打開，畢竟如果使用水龍頭，還是可能會清洗髒東西，譬如手腳或衣服等。另外，最好把馬桶移除、封死糞管，如此一來，汙穢之氣便不會從糞管衝出來，汙穢中宮。

■ 廁所在中宮所造成的影響

　　看風水時，我有時會看到房子中間就是廁所的格局（如圖4-1示），在這樣的屋宅中，家中成員看起來就是懶洋洋的沒有活力，看似生病，若給醫生檢查，卻又檢查不出什麼毛病。

　　因此，找房子時，如果中間是廁所，最好不要買（因為管道的關係，廁所通常無法移動），不然就是買了之後不要使用這間廁所，封死管道，讓這間廁所變成儲藏室。

　　有些風水老師有廚房、廁所壓中宮的解法，譬如：每次上完廁所一定要記得關門、打開廁所窗戶讓它通風、二十四小時都開著抽風機，還有人建議在廁所內放一只玻璃罐，裡面放粗鹽，且在上面放六枚銅錢，再把玻璃罐打開，是為安忍水。但這些方法就後天派陽宅理論看來，幫助實在有限。

　　舉個在市面上的房子有時候會見到的例子（參見圖4-1）。因為電梯設計，還有管路間的設計，會把廁所安排在中宮，也就是在房子畫上九宮格後，如果廚房和廁所剛好在九宮格的中間，便是廚廁壓中宮。以房子的規劃而言，或許是一個方便的設計，畢竟，把廁所放在中間，不僅節省空間，也方便家人使用，建築物

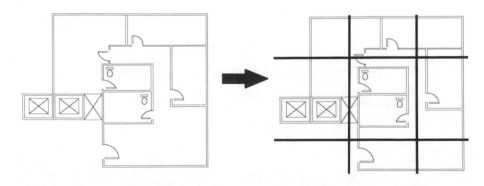

■ 圖4-1　畫九宮格後，廁所位居房子正中央

在設計糞管的線路時很方便，電力系統的電線也會很好設計、維修或整理。但就後天派陽宅來說，廁所在房子的正中間實在是很不理想。

■ 房子北方不能缺角或下陷

房屋內的北方不能有缺角或是下陷，以八卦的說法，就是坎方不能缺，這在後天派屬於七陰煞，這個煞的兇猛程度數一數二，輕則生病，重則死人。

父親也常說到這樣的煞，所以我特地說明此煞，也希望大家可以避免。在洛書上面，坎的數字是1，所以家中如果坎方有缺，一至三年內，家裡就會有事情發生。這樣的住宅確實比較少，多半是一樓的住宅或獨棟透天的房子比較容易發生。

比方說，你家是坐北朝南的一樓，家裡有地下室，要到地下室就需要有樓梯可以走下去，很多房子會把樓梯安排在北方，也就是坎方。而這種情形對一樓而言，就是坎方下陷。有些歐美國家的房屋設有地窖，主人可能會放酒或其他雜物，也可能拿來當作躲避龍捲風用的的避難室。譬如：美國的奧克拉荷馬州是一個龍捲風發生頻繁的地方，因此很多家庭都有地下室，當龍捲風發生時就可以躲進去，不用擔心全家人被捲走。

另外，透天樓房的樓梯一定是在室內，如果透天房屋有三層樓，且樓梯剛好都在坎方，那就要特別注意。因為人一定要從坎方走下樓梯，或是從二樓走到三樓，所以，以二樓跟三樓來看，坎方都是下陷的。

關鍵在於樓梯是否位在家中的坎方，如果是，那就是後天派陽宅裡面的七陰煞，因為樓梯是人要走下去的地方，勢必就是要

一個缺口,因此會形成向下的凹陷。以一個樓層的平面來看,就是下陷,這樣的七陰煞非常凶,住久了很容易會有人過世。

■ 因坎方下陷帶來厄運的實例

有個一起學後天派陽宅的師兄弟,常出差到德國去。有一次他告訴我,在德國時同事告訴他,有一棟透天樓房,夫妻入住幾年後,先生跟太太前後都出了事、離開人世,而那個房子剛好是坐南朝北,一樓的門是開在坎方,一走進去的旁邊就是去地下室的樓梯,剛好印證是坎方下陷。

我再說一個自己家裡的例子。一九九八年,父親在士林買了一間房子,坐南朝北(坐午向子),開癸丑門。當時家裡有一個地下室,從大門一進來就有樓梯向下,可以通往地下室,地下室冬暖夏涼真的很舒服,可惜因為是七陰煞的格局,住了一年之後,母親便得了胃潰瘍,父親剛好遇到人生最不好的事情——被人借錢倒債,當時父親還請李胡山師公來看過,確認地下室樓梯之處就是「坎方缺陷」的「七陰煞」,於是我們馬上全家搬回之前的房子。半年多後,跟父親借錢的人還了一半的錢給父親,母親的身體也恢復了,家中的每一個部分都慢慢步上正軌。

再舉一個實際的例子。有一塊地大約三千三百多平方公尺(大約一千坪)的土地,均由一個團體統一使用。這塊土地由設計師規劃、建設,但是在這塊土地上面,剛好坎方有下陷,下陷的原因是為了設計一個車道,讓車子可以由斜坡開到地下室停車,所以造成坎方有一個斜坡下陷。

這個建築會不定期舉辦活動,有一天、三天、七天的活動,就在建築物落成、使用一年後,剛好有參加活動的人因心臟病突

發當場過世。往後每一年的活動，就會特別小心來參加活動的大眾，活動期間，如果有發現不舒服的參加者，就會讓他先回家休息。在尚未重新改建的原有平房，坎方無下陷，來此參加活動的人均平安無事，大部分的人也都能獲得心理的平靜。

■ 如何判斷是否坎方下陷

　　如果是一般家庭，可以在自己家的平面上劃出九宮格（如圖4-2），將住家分割成九個方位，根據羅盤的方位，便可以找出屋內的坎方，或是整體建築的坎方。如果坎方有樓梯，那就是坎方下陷了。如果是一整塊地的整體建築，或是企業或宗教的土地，一樣可以把土地劃成九宮格，如果有車道斜坡通往地下室，或是挖了一個很大的游泳池，或是為了一些造景把坎方挖出一個凹陷，那也是坎方下陷，會產生七陰煞，容易出現有人生病、去世的問題。

巽	離	坤
震		兌
艮	坎	乾

■ 圖4-2　八卦注意坎方位

▣ 乾方不能缺，亦不能壓廚廁

根據後天派宅理論，乾為八卦之首，因此後天派堪宅時，會很留意卦位的乾方是否有問題，所謂的問題大多是乾方有缺，或是廚房、浴廁方壓到乾方。

由於乾是八卦的「卦首」，代表一家之主，若乾方有缺陷，多半會影響健康或房內年紀最大的男性。若久住乾方受壓的房子，輕微者的會有失眠、睡不好、偏頭痛的症狀，嚴重者則有腦神經衰弱，甚至憂鬱症、躁鬱症等精神上的問題。由於跟年長男性有關，有時也有男性較易生病、地位弱勢，或是男主人喜外出不愛回家的問題。

▣ 廁所壓乾方影響身體與家庭

大約十年前，有位C小姐出差至中國，順道拜訪好友，因緣巧合下知曉我懂陽宅，於是便邀我至工廠與住家堪宅。

C小姐是好友的姻親，當時約五十歲，雖身為女性，卻是一位留日歸國的工廠老闆。她年輕時曾在日本念書，期間結識了很多朋友，回國之後有些朋友變成客戶，在客戶的鼎力支持下，她在中國開了工廠，十多年下來，已經攢到夠一輩子花用的財富。前幾年，C小姐的客戶退休、讓自己的長子繼承家業，該長子對C小姐做生意的方法不太認同，導致C小姐的訂單逐年縮減，又因人工成本日益高漲、工人不易管理，C小姐萌生退休的念頭，近年也將工廠土地出售，處於半退休狀態。

C小姐回中國後工廠後，嫁給了一個大陸汕頭人，育有兩男一女。不幸的是，C小姐遇人不淑，忙著工廠工作，奉子成婚

後，才發現這位汕頭老公，是個大字不識幾個的賭徒，幾回豪賭輸了幾百萬人民幣，都是Ｃ小姐幫他收爛攤子。無奈的是，Ｃ小姐為了三個小孩和工廠生意，忍耐、忍受多年不幸福的婚姻，以及隨時會爆發的財務未爆彈。

這位汕頭人篤信風水，輸錢時總怪風水不佳，居住在中國期間，曾經找過多位風水地理師至家裡修改擺飾、添購魚缸、更換畫作、布景。這些在後天派陽宅的理論看起來，都是無關痛癢之法，因為後天派陽宅是氣場理論，只有人走動、進出才會引起氣場變化，其餘無關氣場變化的都不會帶來任何影響、改變。

我確認工廠的風水沒什麼大問題，Ｃ小姐經營的這十年間，由於大門有運，因此接單出貨都順利，只因後期兩年開始不走大運，所以生意逐漸衰退。由於Ｃ小姐將出售工廠，於是我便不再提供修改之法。

倒是其住家存在很大的問題（如圖4-3）。該宅坐丁向癸，六樓是離宅艮門之借走宅，雖只可使用十多年，但還算是平安，而且這十多年仍有財運。其最大問題在於廁所位置不正確，這是夫妻不和、敗大財的主因。對於「夫妻不和」這件事，我們堪宅之人不能太明顯的指出，否則會引發家庭爭執，甚至是衝突。

加上該房壓住了「乾方」，乾方屬頭部，當我隨口說居住者可能會比較不易入睡，腦神經較衰弱，Ｃ小姐反應很激烈，她立刻說她幾乎失眠了十多年，沒有安眠藥不能睡著。這個案例又證明了什麼人有時會注定會住到什麼房的道理，Ｃ小姐夫妻的個性原本就有不小的差異（試問誰能忍受丈夫生性好賭），卻又那麼湊巧的住進這夫妻不合的屋宅。

由於該宅大樓的廁所管道間早已固定，加上她們對之前風水地理師的說法存疑，我便不再透露太多細節，只含蓄的建議修改

某一房間門的位置，以補強五行缺水之憾，除此之外，沒有再多做建議。因為，根據我堪宅多年的經驗，C小姐已聽過多位風水地理師的意見，根深蒂固的認為風水就是魚缸、畫作、擺飾、吉祥物等事拼湊而成，她一定不願為了風水大興土木、更改格局，我不僅多說無益，還可能反遭口舌，雖無奈，卻也無計可施，當然，現況就很難改善。

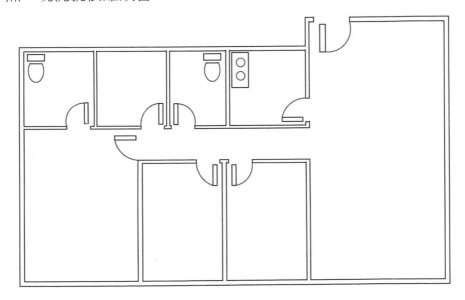

■ 圖4-3　坐丁向癸，廁所位置不正確導致家庭問題

■ 前任屋主住了超過五年且風光搬離

很多人都擔心會住到凶宅，認為那種房子的風水不好，會持續發生凶事。有些人因生意失敗想賣房子，我想如果大家知道屋主是因為這樣的理由才要賣屋，多數人都不願意承接。這樣的觀念其實沒有錯，因為根據後天派陽宅理論，風水不好的房子不管是誰來住，都會受影響，不會因居住者的不同而有所差別。至於

會受影響到什麼程度，這跟居住者個人有關，例如命運、性別、年齡、遺傳等都會影響。

有些人為了省錢，頂了別人做不起來的餐廳、小吃店，認為自己的好手藝或管理方式可讓餐廳起死回生。但承接下來的餐廳不成功的機率會比較高，除非找對風水師調整，對格局進行更動，房子才有機會轉吉。

相反的，如果你在找房子，對方是因為生意做好、做大了而想要更換房子，或是餐廳座位不敷使用，想換大一點的地方，此時確實可以好好考慮將這樣的地方承租或買下來使用，因為該房很可能是吉屋。

不過，事實上這樣的機會很少，根據我們幫屋主尋找房子的經驗（非新房、非預售屋），大約有五〇％房子的風水都不理想，另外四〇％為吉凶平平的房子，僅有一〇％的房子是吉屋，對屋主升官、進財有所助益。

也許大家會納悶，為什麼風水對生意會有這麼大的影響？單靠風水生意能成功嗎？這個疑問是對的，生意要成功絕不能單靠風水，但是我們談一個大家都理解的生意觀念：生意想要成功，需要很多綜合因素搭配得宜，包括天時、地利、人和、經營管理、行銷……，缺一不可，但是，只要其中一項因素有問題，就可能導致失敗，而風水也是眾多因素之一，所以房子本身的風水吉、凶自然會對生意造成影響。

■ 住吉屋、事業旺

二〇一八年，我幫一位知名講師在臺北內湖、南港一帶找房子。我看過約百間房，發現好房子出現的機率大約是十間中有一

間，有時，二十間才會出現一間。某日，在南港路二段，某間位於十一樓的房子（如圖4-4），坐酉向卯，屬兌宅走艮門延年星入宅，屋主在此大約居住四年左右，入住此房後開始擁有自己的事業，並沒有依賴家族的幫助。他們在此房生下一個男孩，進出門的交通工具也是進口的Lexus汽車。出售該房主要是因為屋主需於夜間與國外進行視訊會議，怕影響家人起居，想搬遷到擁有獨立工作空間的房子。他開價三千六百萬左右，想藉此換購新屋。此房風水極佳，以後天派理論驗證後，確定它能幫屋主進財升官，我告訴講師這是難得一見的吉屋，唯開價較高，需與屋主好好協商。

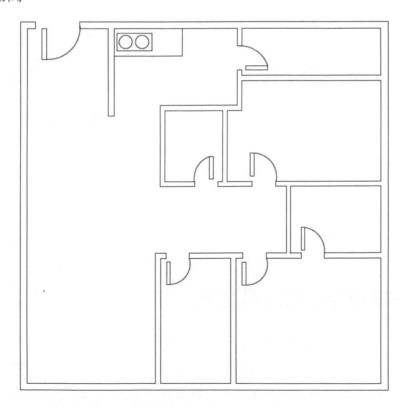

■ 圖4-4 難得的吉屋格局

這例子說明，風水好的房子，屋主比較不會想要出售，在經濟許可的狀況下，多數人都會想要再買一間房子，非不得已，比較不會想賣出手上的房產。因此，碰上這樣機會，我通常會請購屋人好好把握。

■ 吉屋尚須調整，才能發揮助力

另有一例（如圖4-5）。我二〇一八年於臺北市內湖區金湖路上堪宅時，發現某屋是吉宅，坐子向午三樓，震宅走巽門，可惜陰陽五行有所缺陷，所以沒辦法旺，令人婉惜的是，屋主無緣運用該房優勢，倘若入住初期有機會根據後天派陽宅理論更改此房，便能長久居住。看房中與主人閒聊時，我問屋主：您是在這邊生孩子的嗎？應該會生兩個男孩吧。結果，屋主恰巧在這邊生兩男一女，再次驗證無誤。無奈好房也是需要緣分才能發揮助力，對後天派陽宅理論來說，該屋可以旺，但屋主卻無法發揮其影響力，實在有點可惜。

該房樓下是二樓，以後天派陽宅來說，是坎宅走巽門，也是好房，恰巧帶我看房仲介的主管便是住在此屋，仲介告訴我，他的主管確實發展得很好、很旺，這些都符合後天派陽宅的理論。

■ 一樓別住水路反弓之地

什麼是水路反弓之地？只要參考圖4-6便可明瞭。正門可以看到馬路呈現弓的形狀，就好像弓箭要射向房子一樣。這樣的房子，在很多風水書籍或網站中都有介紹，以後天派陽宅來說，也是不好的風水。

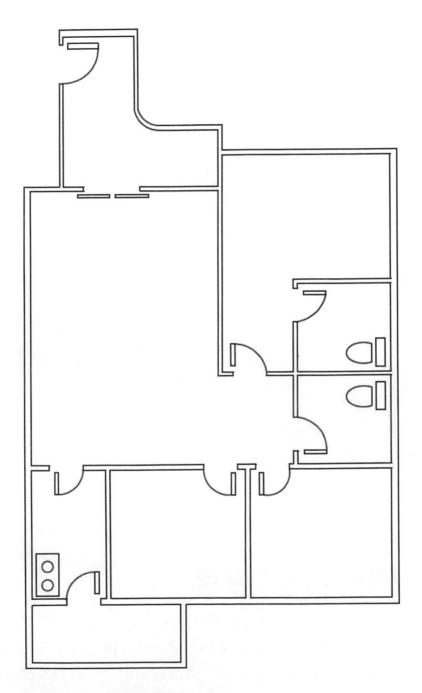

■ 圖4-5　尚需調整吉屋平面圖

有些人會問，現在的屋宅多為樓房，如果住在二樓以上，會不會發生什麼事情呢？如果你每天都要進出一樓，也會從一樓搬東西，在一樓跟別人聊天，就只算在一樓待了片刻，就也可能有萬一，如果一樓發生了什麼事情，住在樓上的人也不會太安心。如果是在河邊、溪邊，大洪水一來，影響的往往是一整棟建築物，而不只是一樓。

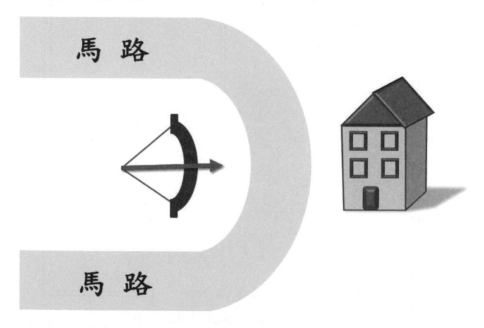

■ 圖4-6　水路反弓之地示意圖

■ 水路反弓之地不宜居住

從科學的角度來說，若在這種反弓的地方行駛汽車、摩托車、大巴士，因為離心力的關係，很容易會撞上房屋，如果剛好屋內有人，一家人在吃飯或是在客廳看電視，那就會家破人亡，完全符合陽宅風水的狀況。

如果把馬路換成河流、小溪、大的排水溝、灌溉溝渠，也一樣是水路反弓之地，屬於不好的風水。因為河流小溪在遇到颱風天或暴雨時，也會因為離心力的關係，讓小溪變成洪水、使排水溝爆滿，大水是很容易沖向房子的，如果水大到可以把房屋玻璃沖毀，那真的也是家破人亡，所以建議大家不要住在水路反弓之地。

■ 反弓之地易發生天災人禍

二〇〇三年，嘉義縣某間學校舉行畢業旅行時，遊覽車在行經在新竹關西的光明路時剎車失靈、撞到民宅，而這起意外就是發生在道路反弓之處。當時車內連同駕駛有四個人死亡，二十六人受傷，當地出動了二、三十臺的救護車和警車，理處緊急救災等事宜。事後，屋主就搬離這裡了。屋主說，除了車撞民宅，每年這裡一定會發生車禍、車輛翻覆或車輛對撞，二〇〇七年時還曾經上過新聞，當地居民也曾陳情，希望政府禁止大型車輛行經此路段。無奈此路段是通往六福村與龍潭工業區的重要道路，很難禁止大卡車、遊覽車通行。

二〇一六年在南投仁愛鄉，因大雨洪水沖刷河床，導致大水快沖到民宅。二〇一七年，在南投縣信義鄉神木村，因大雨累積的雨量超過800毫米，造成洪水，這同樣也是因地處反弓之地導致地基被洪水沖刷，最後房屋倒塌，道路被沖毀，讓平常看似穩固的砂石土地被洪水沖走。

■ 反弓之地在國外一樣易導致災難

不只臺灣會發生災情，在世界各地，一樣有反弓的問題。以下便是發生在英國的反弓之地實際案例。

位於英格蘭約克郡 NetherHaugh 的一座房子，時常要擔心是否有車子衝撞進來。十四年來，房子被撞了超過四十次，主人說，有一次他跟弟弟在廚房吃早餐，突然有一臺摩托車衝入廚房，摩托車卡在窗戶上，人卻飛進了屋內。

另一件發生在英國的約克郡羅克利夫。一輛汽車在半夜高速撞入民宅，把房子撞破一個大洞，讓屋內的男主人腿部受傷，女主人跟孩子都到極大驚嚇。這樣的彎道就是容易發生事故，什麼時候有意外發生都不會知道（如圖4-7）。

■ 圖4-7　英格蘭約克郡水路反弓之地示意圖

以上都是真實案例，大家可以在網路上查的。

■ 如何化解水路反弓煞

可以用很大的石敢當，或是以鋼筋水泥打造一道牆，作為阻擋衝撞力的障礙。如果是住在河床旁邊，可以請政府做一道堅固的擋土牆，藉以抵抗大自然的力量，否則我會建議另覓住處。

■ 石敢當的故事

有關石敢當的傳說很多，以下我就與大家分享其中兩個。

一、姜太公以封神榜封了眾神之後，沒有給自己任何職位，他就在泰山前指著一個大石頭說，我做泰山的石敢當，因此，死後他便化為石敢當之神。二、古人認為，大陸五嶽中的東嶽泰山的大石頭具有神力與靈力，所以大家便將泰山的石頭描述為石將軍，並以石敢當稱之，用來辟邪、止煞、消災。

根據後天派陽宅陽宅理論，可以在寅年寅月寅日寅時，或是辰年辰月辰日辰時進行石敢當的安置。當然，大小也很重要，如果頓位不夠，遇車子衝過來時，還是可能撞入宅內，這樣當然沒有作用。擺放石敢當時，這要從科學的角度、方法來衡量。

■ 奇形怪狀的房子不要住

我們通常會以房子的整體來確認吉凶，不只要看方位、坐向，也要看房子的整體形狀。坊間常說，房屋要方正，所住的「地」要「方」，方是正方或長方，這一點以後天派陽宅理論而言

也非常重要。

奇怪的形狀會讓房子本身顯得不夠方正，在後天派陽宅中，幾個地方可以有缺，但也只限缺一個方位，換句話說，不一定要方正，有些不會影響，有些地方缺了還會財旺。

因為大家不是像我們這樣，每天都沉浸在後天派陽宅的理論中，所以，我在這裡不是要告訴大家缺哪一個地方可以財旺，要說明的是，如果你對陽宅沒有那麼熟悉，但又要找房子，我會建議找形狀方正一點的，當然，正方是比較好的，長方也可以，長寬比例最好在2：1之內，對室內格局的安排來說，也會比較好，不會有把廚房或廁所安排在房子內，壓了兩個卦位的問題，也比較不會有房屋過長的問題。

■ 雙十狀臺北市政府的風水缺陷

舉個大家都知道的建築為例。臺北市政府（如圖4-8）在一九九四年開始啟用，從空中往下看是兩個十字、象徵雙十的建築物。晚上打燈時，從空中可以很清楚的看到雙十的圖案，是個有意義也有意思的設計。但這以後天派陽宅理論來說是不好的，因為每個卦都有缺，表示政府官員在裡面做事會很難施展，容易遇到各種阻礙。

暫且撇開陽宅理論，這樣的設計對在裡面工作的公務員來說，也會形成彼此溝通時的障礙。如果是剛好坐在兩邊頂端的人要見面，就必須走一個很大的U字，溝通往往就被這樣的路徑給打斷。

一九九四至九八年，前總統陳水扁剛擔任臺北市長時所展現的魄力，讓很多臺北市民驚豔。但是臺北市政府還是敵不過陽宅

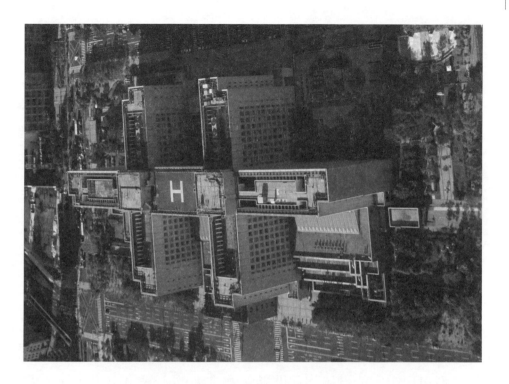

■ 圖4-8　從101俯拍臺北市政府的景象

多年的影響，一九九八年由臺北市政府新聞處策劃的大型拔河活動，便發生繩索斷裂的意外，其中有兩位民眾被突然斷掉的繩索打斷左手臂，另外還有數十名參加者受傷。

　　一九九八至二〇〇五年，前總統馬英九擔任臺北市長期間也有很多爭議事件，其中包括富邦銀行合併臺北銀行的案件。另外，捷運淹水時，臺北市政府建築物上有人死去，一直到半年後的二〇〇五年十二月，臺北市政府卸除大型看板時才被工人發現。

　　一九五二年出生的前市長郝龍斌於二〇〇六至一四年擔任臺北市長期間，也發生了很多爭議事件，其中包括雙子星開發案、臺北文創大樓案、美河市案等。

待柯文哲上任後，問題依然層出不窮。大巨蛋問題在柯市長第一個任期內一直沒有解決。經過這麼多任市長，我們可以知道，這些問題似乎跟黨派沒有關係，而是因為臺北市政府原本就地不方正，所以才發生這麼多事。

■ 房子不夠方，不會有健康

再舉一個住家的例子。有一個朋友住在如圖4-9的房子，坐辰向戌，乾方缺角，坎方缺角，離方也缺角，震方缺一點，不算是個方正的房子。朋友在二〇一四年搬入，搬入前身體健康，各方面都沒問題，但在二〇一七年，男主人身體上出現後天免疫失調的症狀，身體的免疫力會攻擊關節，醫生也警告要持續注意身體狀況，免疫力有可能再去攻擊肝臟。

不只男主人的健康出現問題，女主人的心臟也出現狀況，手腳也比以前容易冰冷。或許有些人會說，年紀大了都會有這些症狀，但是住在這裡的是三十出頭的年輕人，他們搬入後生了一個小孩，之後便出現這些身體症狀。後來，朋友接受我們的建議換了房子，我幫他們找到一個風水格局相當好的新家，相信他們未來在事業會步步高升，身體也會越來越健康。

如果你在在找房子，盡量不要選擇格局不夠方正的房子，因為缺角會造成很大的影響。坊間的風水書或網站都有提到這一點，有些甚至說缺震就要小心長子出狀況、缺巽就要留意長女、缺艮就是小兒子可能會出事情、缺兌要留意小女兒、缺乾要留意男主人、缺坤的房子可能會影響女主人，根據後天派陽宅理論，缺卦不只會影響健康狀況，有時候也會影響財運，造成損財，或發生訴訟問題。

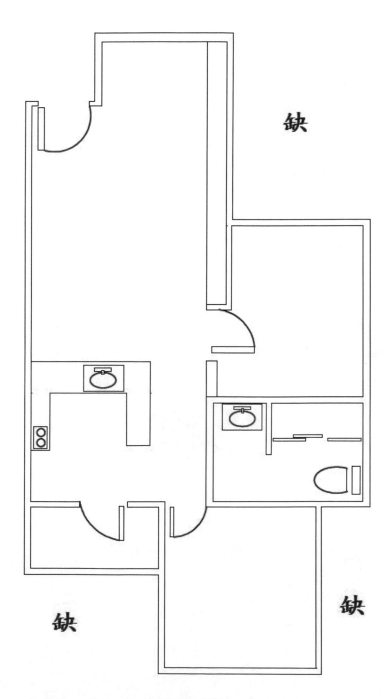

缺

缺

缺

■ 圖4-9 乾、坎、離方缺角的平面圖

■ 水路直沖易有飛來橫禍

　　後天派陽宅會特別注意屋外煞，尤其是水路直沖。在現代都市中，水直沖的機率是比較小的，但還是有路沖的問題（如圖4-10）。就算以現代科學的角度來說，路沖確實容易發生意外，嚴重時甚至會導致家破人亡。如果是水沖，大洪水來也會把房屋沖倒，一樣會造成家破人亡的問題。或許有人會說，以現代技術打造的鋼筋水泥這麼堅固，而且應該只有一樓會遭受衝擊，若住在樓上，問題應該不大。可是，如果樓下常常有車禍，就算住在樓上，心理總是不太不平靜。

　　若就生意場所而言，在現代都市中，路沖往往就是交通要道，往來的人群特別多，所以有很多廟宇、便利商店、早餐店或其他需要人潮的商店會設置在路沖，而且位在路沖的商店，生意通常也會比較好。

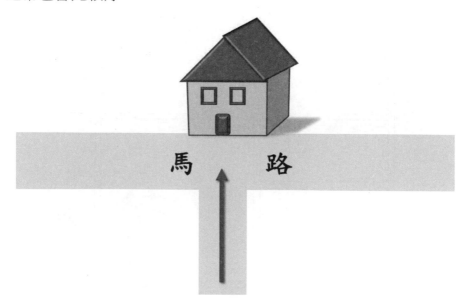

　　■ 圖4-10　水路直沖房屋示意圖

　　如果是位於徒步區，或是車輛經過會放慢速度的地方，這樣的路沖所帶來的災禍會小很多，有路沖的問題時，可以設置足以擋住汽機車沖擊的鋼筋水泥牆或是大石頭，在古時候就是放石敢當，否則，Ｔ字形的路沖其實很容易發生車禍。

■ 水路直沖，災禍直到

　　在苗栗頭份交流道與中華路交接處，就是這種Ｔ型路沖。二〇一八年十月，有一輛二十六噸的大貨車衝入附近店家，貨車頭被擠扁，駕駛全身多處骨折，緊急送醫不治。

　　這家店是連鎖家具行詩肯柚木，店家雖然有在門口以木墊加高，但還是抵擋不住大噸數的貨車，被撞了一個大洞，裡頭的許多家具也遭到損毀，損失難以估計，加上裝修，至少有一個月無法營業。二〇〇四年時也有遊覽車在這裡翻覆，這個路沖持續發生許多小車禍。

　　二〇一八年十月，在高雄小港二苓路，也是一個Ｔ型路口，一輛快速行駛的小客車先是衝撞了路口的機車騎士（幸好騎士只有左肩擦傷），隨後又高速衝入位於路沖的花店，並波及兩旁的早餐店和指甲店，造成店面損毀，並且讓兩位正在吃早餐的客人全身多處受傷。大家可以在網路上搜尋到這起路沖車禍的影片，可說是險象環生。

■ 臺灣總統府因位於路沖而屢受衝撞

　　位於臺北市正中心的總統府也是一個非常大的Ｔ型路沖（如圖4-11），多年來一直有車子開車衝撞總統府，在網路上也可搜

尋到相關影片。二〇〇五年，有一名男子開著一輛黑色自小客車衝進總統府，被當時的員警跟制服憲兵制止，把人從車上拉下來，後來發現，該名男子疑似精神狀態有問題。

二〇一四年，一名張姓男子開著一輛三十五噸的砂石車，從凱達格蘭大道穿過重慶南路，直接衝撞總統府，並且踩油門加速，幸好憲兵及時按下防彈門，擋住砂石車。但巨大的衝擊力道讓車頭全毀，駕駛也當場昏迷。在這件事情之後，總統府在廣場前又增設了防撞的重型水泥花壇和鐵欄杆。

二〇一八年五月，一位吳姓男子駕駛一輛BMW汽車，直接衝撞水泥花壇，被抓後還一直喊冤。

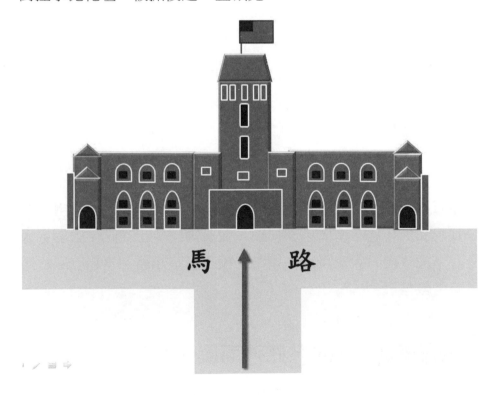

馬　路

■ 圖4-11　總統府水路直沖示意圖

很多人都是因為心懷不滿，所以才想衝撞總統府。剛好總統府又位於路沖，給了這些駕駛可以加速前進的區段，像美國白宮就沒有這樣的路沖，所以抗議的民眾就沒有機會開車加速衝撞白宮。此外，英國內閣的辦公廳和法國總統府也沒有這樣的路沖給有心人士加速衝撞的機會。

水路直沖，不管是住家、生意場所，甚至是大到總統府，都可能造成災禍，我們很難預料什麼時候會發生。這樣的水路直沖，在過去可以用擋得住大型汽車、摩托車的大形石敢當，在現代可以用鋼筋水泥來阻擋，我們的總統府則是用重型水泥花壇來預防。除此之外，也可以用其他的科學方法來解決，譬如做一道擋牆。

■ 五鬼、六煞的格局不要住

堪宅時，為了搭配屋內的吉凶位置，往往需要請屋主更動屋內格局，如果碰見「五鬼星」、「六煞星」入宅，我更是會加倍謹慎，確認再確認，再思考如何更動格局。

在此，我們就來認識一下五鬼星與六煞星。

根據房子一樓入口位置與門的關係，可推算出「宅主」，不同樓層的宅主都不一樣。「宅主」與「大門」互相配對之後，會產生一個「門星」，五鬼星與六煞星都是門星的一種。

五鬼星在五行屬火，因屬火便帶有暴戾之氣，所以容易發事端、導致意外、敗大財或罹患心血管疾病，缺點很多。加上五鬼屬陰，有時會形成三陰煞，三陰煞不但有生病敗財的問題，有時也易有無形進駐（敏感的人會比較有感），可謂是雪上加霜。最好盡量避免住在這種房子，若已入住，則建議搬家，否則長久下

來，居住者將無法平安。

六煞星在五行屬水，既屬水便會帶一些財，但由於六煞星是凶星之一，長期而言，對於住在屋內的人是不利的。六煞星的特點是外遇與生病（長期下來容易罹癌），家裡如果發生這兩種事情的其中一種，都算是不幸，因此我們將六煞星歸為凶星。

六煞星雖然有帶一點財，可是時間很短，長期而言還是會敗財（生病外遇都會敗財），所以有六煞星的房子不宜長期使用。後天派遇到這種房子，通常會希望先幫忙調整大門，將六煞星換成別的門星，如果無法更改大門，風水師會盡量調整格局，改善居住者的健康。

■ 六煞星入宅，壞事跟著來

二○一八年，我好友的親戚搬至新家，請我們去堪宅。堪宅時我心中一驚，因為那是六煞星入宅之門。恰巧這間房屋的的前屋主不幸於此宅過世，家人才想將房子轉賣，加上屋內陰陽五行不佳，六煞星發凶會很快，對居住者造成不好的影響。

萬幸的是，這是棟透天厝，屋主住在其他樓層，不是六煞星的一樓。這是少數我當面請屋主務必修改大門的案例。一般而言，我會說得很委婉，但這個案子很特殊，又是好友的親戚，因此我馬上直白告知，如不更動，一年半載內便會出大問題，幸好屋主願意聽從修改（一般人通常不願意因風水而大興土木）。

二○一九年初，一對網友夫婦看到我的文章，想找我幫忙確認是否要購買目前在看的房子。

房子位在一個非常老的社區，一開始，我先確認了左右鄰居的狀況。在與這對夫婦談話時，我發現這位年輕的太太回答問題

的方式跟一般人不同，後來我狐疑也恭敬的詢問她：請問您本身有特殊體質嗎？，她說，是的。在因緣際會下，找到我們來幫忙處理目前的房子問題。

我們也告訴她，這棟房子是六煞星入宅的格局，會有屬於「陽」的無形在此居住，人若在此住久了，身體健康容易出現問題。她告訴我，她知道是「陽」的無形，如果是陰的無形，她必定會先行離開。聽到這裡，我全身起雞皮疙瘩，因為在看宅的過程中，我還沒遇過可以感受到無形，而且與後天派陽宅理論這麼貼近的明顯特殊體質。當然，這也讓我對後天派陽宅的算數邏輯學更有信心了。

最後，這位年輕的太太也提醒我們，在替人看宅的路上要走「正道」。我衷心感謝她的提醒，沒錯，必定要走正道才能得善果。

一般來說，堪宅完畢，我們會告知屋主如何改房子，以最少的預算裝修屋子，修改大門位置，來反轉該屋的風水。老實說，遇到這類住宅，我們都會再三「拜託」屋主在修改前務必設香案稟報地基主再動工。

■ 宅入凶星到底有多凶

五鬼星、六煞星在後天派陽宅中均屬「凶」，「凶」並不代表一定會發生跳樓、自殺、血光之災等事件，而是久住後容易對身體健康、事業發展、家庭生活造成阻礙，往不好的方向發展。也容易發生事端或意外，像這樣的狀況，我們就稱為「凶」。

堪宅後，若發現該屋是一棟「凶」的房子，需要更動格局、修改房子，我們都會希望屋主對天地鬼神多表達一份敬重。畢竟

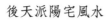

天地之間仍然存在許多我們肉眼凡胎無法理解的事，這也是老祖宗教導我們要尊敬天地鬼神的原因，所謂禮多人不怪就是這個道理。

　　我之所以要再三要求屋主焚香禮敬，乃是因為屋主是聽了我的建議才更動格局，萬一冒犯，始作俑者其實是身為風水師的我們。當然，這類特殊格局並不一定是屋內有什麼無形的神、靈，有時會因為屋主的因緣、德行、命運等種種因素而有所差異。但不管如何，我們還是要對大自然多一分敬重，即使在面對花、草、樹、木、山、川、江、河時也一樣。

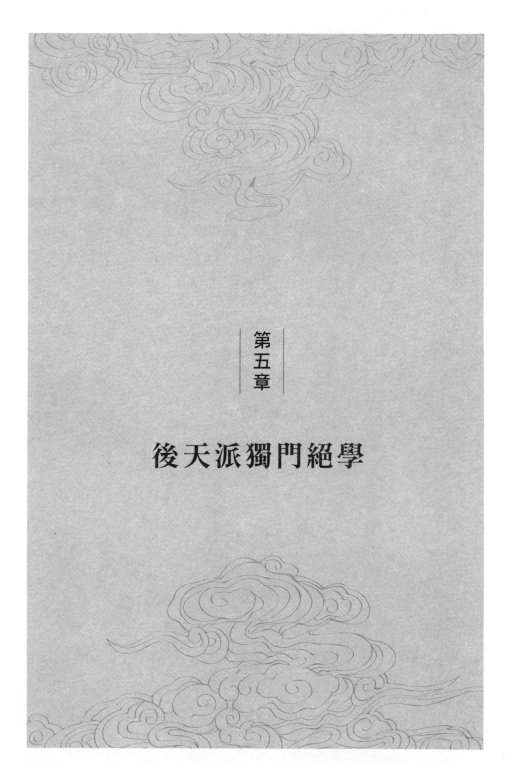

第五章

後天派獨門絕學

河圖、洛書、先天八卦、後天八卦

　　在講述先天八卦、後天八卦之前，我想先談一下洛書、河圖，這是在有文字以前就已經誕生的圖案，可以說是中國理數的起源。在河圖中，可以知道陰陽五行，透過洛書，可以知道後天派陽宅運用的數字與卦之間的關係，所以一定要介紹。

■ 河圖

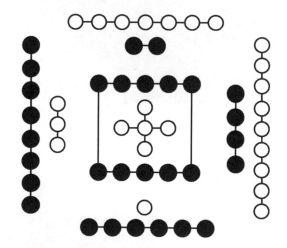

■ 圖5-1　河圖

　　河圖口訣：一六共宗水（北方），二七同道火（南方）、三八為朋木（東方）、四九為友金（西方）、五十共途土（居中宮）。

　　河圖可說是最早的陰陽五行圖，一、三、五、七、九為陽，二、四、六、八、十為陰。

河圖以生為用，北方一六水生東方三八木，東方三八木生南
方二七火，南方二七火生中央五十土，中央五十土生西方四九
金，西方四九金生北方一六水。

■ 洛書

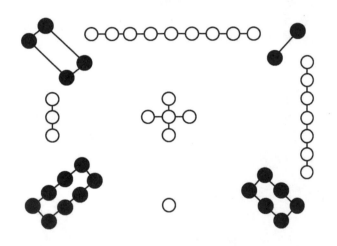

■ 圖5-2　洛書

洛書口訣：戴九履一、左三右七、二四為肩、六八為足、五
居其中。

洛書以剋為用，南方四九金剋東方三八木，東方三八木剋中
央五土，中央五土剋北方一六水，北方一六水剋西方二七火，西
方二七火剋南方四九金。

4	9	2
3	5	7
8	1	6

■ 圖5-3　直、橫、斜相加均為十五

由洛書來看，每一格直線數字加起來都是15
譬如：斜角 8 ＋ 5 ＋ 2 ＝ 15

■ 八卦

以下節錄自《周易繫辭上》：

易有太極，是生兩儀，兩儀生四象，四象生八卦，八卦定吉
凶，吉凶生大業。

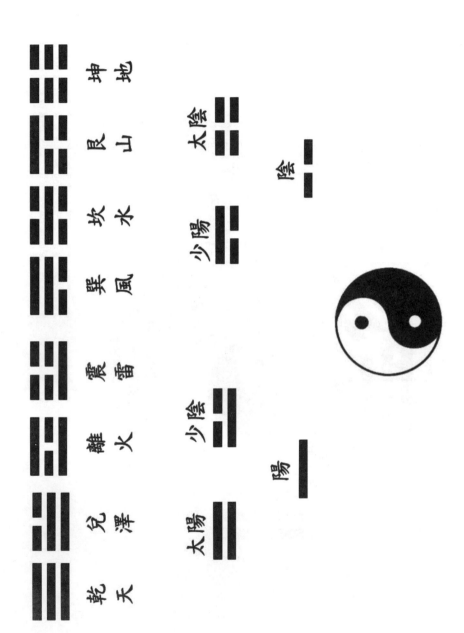

坤　艮　坎　巽　震　離　兌　乾
地　山　水　風　雷　火　澤　天

太陰　　少陽　　少陰　　太陽

陰　　　　　陽

乾三連，坤六斷；震仰盂、艮覆碗；

離中虛、坎中滿；兌上缺、巽下斷。

（1）先天八卦（又稱伏羲八卦）

「乾」在自然界中代表天、「坤」在自然界中代表地、「震」
在自然界中代表雷、「艮」在自然界中代表山、「離」在自然界中
代表火、「坎」在自然界中代表次水、

「兌」在自然界中代表澤、「巽」在自然界中代表風。

■ 圖5-5　先天八卦圖

八卦圖中的太極，白為陽，黑為陰，以先天八卦而言，乾、
兌、離、震為陽爻所生的陽卦，坤、艮、坎、巽為陰爻所生的陰
卦。先天八卦也稱伏羲八卦，伏羲氏因為觀察天地萬物而創造八
卦，說明天地運行之道，適用於天地之變化。

以下節錄自《周易繫辭下》：

古者包犧氏之王天下也，仰則觀象於天，俯則觀法於地，觀鳥獸之文，與地之宜，近取諸身，遠取諸物，於是始作八卦，以通神明之德，以類萬物之情。

根據太極，陰陽分開，和《周易說卦》：天地定位，山澤通氣，雷風相薄，水火不相射，八卦相錯，排出八角形，就是先天八卦圖。

（2）後天八卦

「乾」在家庭中為父親、「震」在家庭中為長子、「坎」在家庭中為次子、「艮」在家庭中為么子。

「坤」在家庭中為母親、「巽」在家庭中為長女、「離」在家庭中為次女、「兌」在家庭中為么女。

■ 圖5-6　後天八卦圖

　　八卦中的太極，白為陽、黑為陰，所以乾、坎、艮、震為陽，是男性；巽、離、坤、兌為陰，是女性。後天八卦適用於人事，是給人使用的。

　　後天八卦也稱文王八卦，以下節錄自《周易說卦》：

　　萬物出乎震，震，東方也。齊乎巽，巽，東南也。齊也者，言萬物之絜齊也。離也者，明也。萬物皆相見，南方之卦也。聖人南面而聽天下，嚮明而治，蓋取諸此也。坤也者，地也。萬物皆致養焉，故曰致役乎坤。兌，正秋也，萬物之所說也，故曰說言乎兌。戰乎乾，乾，西北之卦也，言陰陽相薄也。坎者，水也，正北方之卦也，勞卦也，萬物之所歸也，故曰勞乎坎。艮，東北之卦也，萬物之所成終而所成始也，故曰成言乎艮。

（3）後天八卦搭配洛書

　　一坎、二坤、三震、四巽、六乾、七兌、八艮、九離

■ 圖5-7　後天八卦搭配洛書

　　後天派陽宅一樣需要從八卦、陰陽五行來進行運算、判斷吉凶。「先天八卦為體，後天八卦為用」，以後天派理論來看，雖然看陽宅風水使用後天八卦，但我們也必須了解先天八卦，了解之後就會知道原理，進而知道配卦完會發生什麼樣的現象。

■ 紫白九星

　　貪狼生氣星、巨門天醫星、祿存禍害星、文曲六煞星、廉貞五鬼星、武曲延年星、破軍絕命星、左輔金星、右輔木星，以上這些星，就是配卦出來的。以下將會說明如何配卦出紫白九星。

　　以下內容需搭配八星的圖表。

四吉星：
生氣星：在陰陽五行中屬於陽木，對應在八卦為震卦。
延年星：在陰陽五行中屬於陽金，對應在八卦為乾卦。
天醫星：在陰陽五行中屬於陽土，對應在八卦為艮卦。
伏位星：在陰陽五行中屬於金木，左輔右弼。

四凶星：
五鬼星：在陰陽五行中屬於火，對應在八卦為離卦。
六煞星：在陰陽五行中屬於水，對應在八卦為坎卦。
絕命星：在陰陽五行中屬於陰金，對應在八卦為兌卦。
禍害星：在陰陽五行中屬於陰土，對應在八卦為坤卦。

　　後天派陽宅跟很多門派一樣，會有搭配的四吉星、四凶星。在後天派陽宅來看，其實也只有五鬼星、六煞星會發凶，其他如生氣星、延年星、天醫星、禍害星跟絕命星，還是可以居住。

吉星入宅是指居住在此宅容易遇到好事情，努力向上，容易升官發財，遇到貴人的幫助，身體健康，家庭生活也比較美滿。

凶星入宅（五鬼星、六煞星）是指容易對身體健康、事業發展、家庭生活等造成阻礙，往不好的方向發展，或是發生事端、意外。

有些人認為吉星入宅就一定會大發，凶星入宅就一定會有凶事，事實上，這關係到個人因緣業力，未必會發生財富大發、升官快速或是自殺、跳樓等比較極端的事。但是，吉星是一定會影響各方面，使其往正向發展，凶星也一定會影響各方面，使其往負面發展。

■ 生氣星

乾、兌互為生氣星，震、離互為生氣星，坎、巽互為生氣星，艮、坤互為生氣星

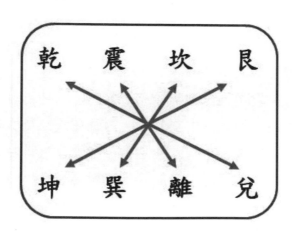

■ 圖5-8　生氣星

■ 延年星

乾、坤互為延年星，震、巽互為延年星，坎、離互為延年星，艮、兌互為延年星

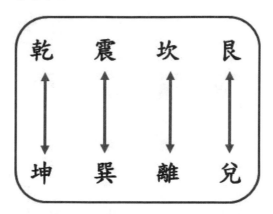

■ 圖5-9　延年星

■ 天醫星

乾、艮互為天醫星，震、坎互為天醫星，坤、兌互為天醫星，巽、離互為天醫星

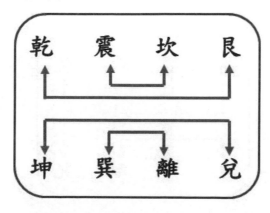

■ 圖5-10　天醫星

■ 伏位星

乾、乾為伏位星，震、震為伏位星，坎、坎為伏位星，艮、艮為伏位星

坤、坤為伏位星，巽、巽為伏位星，離、離為伏位星，兌、兌為伏位星

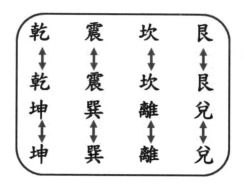

■ 圖5-11　伏位星

■ 六煞星

乾、坎互為六煞星，震、艮互為六煞星，坤、離互為六煞星，巽、兌互為六煞星

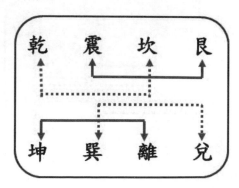

■ 圖5-12　六煞星

◾ 五鬼星

乾、震互為五鬼星，坎、艮互為五鬼星，坤、巽互為五鬼星，離、兌互為五鬼星

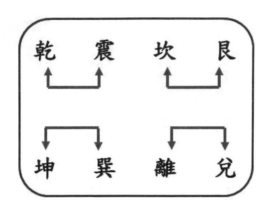

■ 圖5-13　五鬼星

◾ 禍害星

乾、巽互為禍害星，震、坤互為禍害星，坎、兌互為禍害星，艮、離互為禍害星

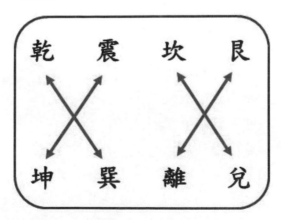

■ 圖5-14　禍害星

◾ 絕命星

乾、離互為絕命星，震、兌互為絕命星，坎、坤互為絕命星，艮、巽互為絕命星

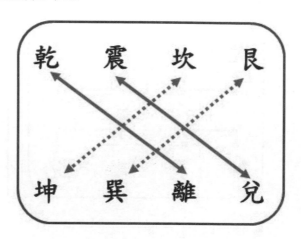

■ 圖5-15　絕命星

口訣如下：大游年歌訣

乾六天五禍絕延生

坎五天生延絕禍六

艮六絕禍生延天五

震延生禍絕五天六

巽天五六禍生絕延

離六五絕延禍生天

坤天延絕生禍五六

兌生禍延絕六五天

後天派陽宅獨門絕學
——宅主、大門、紫白九星

以下是用游年歌訣畫出的圖形，圖形的後面是後天派陽宅獨門-宅搭配門產生的六十四種現象

乾宅搭配門：

禍	絕	延
五		生
天	六	乾

乾宅走坤門——延年星入宅

在此久住，懷孕容易生兩男一女。做生意、經營事業則財運

好、官運佳，兒女有志竟成，有堅定的志向，努力向上，容易成功。

乾宅走兌門——生氣星入宅

在此久住，懷孕容易生一男一女。做生意、經營事業則財運好、官運佳，女主人比較容易生病。

乾宅走艮門——天醫星入宅

在此久住，懷孕容易生一男一女。男孩比較不會讀書，女孩比較會讀書，做生意、經營事業則財運好、官運佳，三陽為煞，在此住三代後絕。

乾宅走乾門——伏位星入宅

在此久住，懷孕容易生一女。若宅主（乾宅）生外水局，在此久住，懷孕可以生三、四個男生，若做生意、經營事業，會漸漸缺少財富、困頓不順，在此住三代後絕。

乾宅走坎門——六煞星入宅

在此久住，懷孕容易生一男一女。做生意、經營事業，初期二至四年財運好、官運佳，在此久住十年內易相繼發生災禍、損失錢財，三陽為煞，男女關係容易複雜不單純，在此住三代後絕。

乾宅走震門——五鬼星入宅

在此久住，懷孕容易生兩男。年紀大的男性容易在六十歲左右過世，女性不喜歡回家，精神狀況不佳，久住易相繼發生災禍、損失錢財，容易生病開刀，在此住三代後絕。

乾宅走巽門——禍害星入宅

在此久住，懷孕容易生一女。若宅主（乾宅）生外水局，容易生兩男，若宅主（乾宅）不生外水局而生兩男，這兩男容易在十六歲前有災禍降臨或身故，在此住三代後絕。

乾宅走離門——絕命星入宅

在此久住，懷孕容易生一女。如果生男，容易生病或災禍降臨、身故，久住容易貧窮，諸事不順利，在此住三代後絕。

坎宅搭配門：

生	延	絕
天		禍
五	坎	六

坎宅走離門——延年星入宅

在此久住，懷孕容易生四男。做生意、經營事業則財運好、官運佳，有志竟成，努力向上，容易成功，在此住三代富貴。

門開在丙午，久住容易生四男；門開在午丁門，久住容易生兩男。

坎宅走巽門——生氣星入宅

在此久住，懷孕容易生兩男一女。若宅主（坎宅）生外水局，可以生五至六男，做生意、經營事業則財運好、官運佳，有志竟成，努力向上，容易成功，在此住三代富貴。

坎宅走震門——天醫星入宅

在此久住，懷孕容易生一男一女。若宅主（坎宅）生外水局，在此久住，懷孕容易生兩男一女，做生意、經營事業，初期三至六年財運好官運佳，在此久住，財運會逐漸不順，三陽為煞，在此住三代後絕。

坎宅走坎門——伏位星入宅

在此久住，懷孕容易生一男。易財運不順或發生財務困難，諸事不順利，下半身容易無力，在此住三代後絕。

坎宅走乾門——六煞星入宅

在此久住，懷孕容易生一男一女。年紀大的女性在此久住，容易生病。在此居住的前兩年，諸事順利，在此住4至6年後，諸事不順，財運不佳，貧窮艱苦。三陽為煞，男女關係容易複雜不單純，在此住三代後絕。

坎宅走艮門——五鬼星入宅

在此久住，懷孕容易生兩男。兩個男孩容易身體不健康，年紀大的女性容易生病，年紀長的男人身體會不健康，久住諸事不順，財運不佳，貧窮艱苦，在此住三代後絕。

坎宅走兌門——禍害星入宅

在此久住，懷孕容易生兩男一女。居住的前十四年，做生意、經營事業時財運好、官運佳，久住二十年後，運勢開始下滑，諸事不順，財運不佳，在此住三代後絕。

坎宅走坤門——絕命星入宅

在此久住，懷孕容易生一女。諸事不順，財運不佳，貧窮艱苦，在此住三代後絕。

艮宅搭配門：

絕	禍	生
六		延
艮	五	天

艮宅走兌門——延年星入宅

在此久住，懷孕容易生四男。做生意、經營事業則財運好、

官運佳，有志竟成，努力向上，容易成功，在此住三代富貴。

艮宅走坤門——生氣星入宅

在此久住，懷孕容易生三至四女。做生意、經營事業則財運亨通、官運佳，在此住三代後絕。

艮宅走乾門——天醫星入宅

在此久住，懷孕容易生兩男。做生意、經營事業則財運好、官運佳，三陽為煞，在此住三代後絕。

艮宅走艮門——伏位星入宅

宅主（艮宅）與外水局不相生，在此久住，懷孕可以生一女。若宅主（艮宅）與外水局相生，可生三至四男，久住諸事不順，財運不佳，貧窮艱苦。

艮宅走震門——六煞星入宅

在此久住，懷孕容易生一男一女。入居後初期，做生意、經營事業時財運好、官運佳，十年內，諸事不順，財運不佳，男女關係複雜，易有不幸、不好的事情發生。

艮宅走坎門——五鬼星入宅

宅主（艮宅）與外水局不相生，不容易有後代，縱有後代也容易出事身故，若外水局生宅主（艮宅），久住容易生一男兩女，諸事不順，財運不佳，貧窮艱苦，容易出意外、身故，或是腦死、精神病，在此住三代後絕。

艮宅走離門——禍害星入宅

在此久住，懷孕容易生五六男。財務越來越困難，貧窮艱苦，在此住三代後絕。

艮宅走巽門——絕命星入宅

在此久住，懷孕容易生兩女。年紀較大的女性容易生病，財運不順、財務困難，在此住三代後絕。

震宅搭配門：

延	生	禍
震		絕
六	天	五

震宅走巽門——延年星入宅

在此久住，懷孕容易生兩男一女。做生意、經營事業則財運好、官運佳，平安順利，年紀超過六十歲的男人容易過世。

震宅走離門——生氣星入宅

在此久住，懷孕可以生三男一女。入住十二年內，做生意、經營事業則財運好、官運佳，十五年內敗光財運，在此生的孩子

十六歲前容易出事身故。

震宅走坎門——生醫星入宅

在此久住，懷孕容易生一男，沒有女兒。入住前四年，做生意、經營事業時財運好官運佳，久住諸事不順，財運不佳，三陽為煞，在此住三代後絕。

震宅震門——伏位星入宅

在此久住，懷孕容易生一男一女。外水局生宅主（震宅），容易生三男，久住財運不佳，財務困難，在此住三代後絕。

震宅艮門——六煞星入宅

在此久住，懷孕容易生一男一女。入居後初期，做生意、經營事業則財運好官運佳，七年內，諸事不順，財運不佳，男女關係複雜，會有不幸、不好的事情發生。

震宅乾門——五鬼星入宅

乾門遭五鬼火星入宅，超過六十歲的男人容易身故，年紀較大的女性容易生病，在此住三代後絕。

外水局生宅主（震宅），久住懷孕容易生一男，男女平安。

震宅坤門——禍害星入宅

在此久住，懷孕容易生兩女。在此住後絕，諸事不順，財運不佳。

外水局與宅主（震宅）相生，在此久住，懷孕可以生一男，在此住三代後絕。

震宅兌門——絕命星入宅

在此久住，懷孕容易生一男兩女。在此住三代後絕。

巽宅搭配門：

巽	天	五
延		六
絕	生	禍

巽宅震門——延年星入宅

在此久住，懷孕容易生一男兩女。入居後初期做生意、經營事業會平安順利，但因此延年星不能長久，久住之後，財運不佳。

巽宅坎門——生氣年星入宅

在此久住，懷孕容易生一男。久住容易財運不佳，在此住三代後絕。

巽宅離門——天醫星入宅

在此久住，懷孕容易生兩男。做生意、經營事業則財運好、

官運佳，在此住三代後絕。

巽宅巽門——伏位星入宅

在此久住，懷孕容易生兩男兩女。做生意、經營事業則財運好、官運佳。若外水局與宅主（巽宅）相生，可以生五至六男，在此住三代富貴。

巽宅兌門——六煞星入宅

在此久住，懷孕容易生一男一女。年紀大的女性或女主人容易生病，如果開刀容易在一年半內身故，沒有開刀的話約三年後容易身故。

巽宅坤門——五鬼星入宅

在此久住，懷孕容易生兩女。若宅主（巽宅）與水局相生，容易生四至六女，久住諸事不順，財運不佳，貧窮艱苦。年紀大的女性或女主人容易生病，在此住三代後絕。容易有無形逗留。

巽宅乾門——禍害星入宅

在此久住，懷孕容易生兩男一女。女主人或年紀較大的女性容易生病。

若外水局生宅主（巽宅），做生意、經營事業時財運好、官運佳，在此住三代富貴。

巽宅艮門——絕命星入宅

在此久住，懷孕容易生兩女。女主人或年紀較大的女性容易生病，尤其是生完小孩後，諸事不順，財運不佳，在此住三代後絕。

離宅搭配門：

天	離	六
生		五
禍	延	絕

離宅坎門──延年星入宅

在此久住，懷孕容易生一男。諸事不順，財運不佳，在此住三代後絕。

離宅震門──生氣星入宅

在此久住，懷孕容易生三男一女。入住十二年內做生意、經營事業則財運好、官運佳，十五年內敗光財運，在此生的孩子在十六歲前容易出事身故。

離宅巽門──天醫星入宅

在此久住，懷孕容易生兩男。做生意、經營事業則財運好、

官運佳，在此住三代後絕。

離宅離門——伏位星入宅

在此久住，懷孕容易生一女。若外水局生宅主（離宅），久住懷孕容易生一男，諸事不順，財運不佳，在此住三代後絕。

離宅坤門——六煞星入宅

在此久住，懷孕容易生一女。在此久住容易身體不健康、諸事不順、財運不佳，貧窮艱苦，在此住三代後絕。

離宅兌門——五鬼星入宅

在此久住容易生病，諸事不順，財運困難，十六歲前，小孩容易身故，在此住三代後絕。容易有無形逗留。

離宅艮門——禍害星入宅

在此久住，懷孕容易生兩男。

若外水局生宅主（離宅），容易生三男一女。久住財運不佳，缺乏錢財，在此住三代後絕。

離宅乾門——絕命星入宅

在此久住，懷孕容易生一女。若生男孩，十六歲以前容易身故，女主人或年紀較大的女性容易生病，久住財運不佳，在此住三代後絕。

坤宅搭配門：

五	六	坤
禍		天
生	絕	延

坤宅乾門——延年星入宅

在此久住，懷孕容易生兩男一女。做生意、經營事業則財運好、官運佳，有志竟成，努力向上，容易成功，在此住三代富貴。

坤宅艮門——生氣星入宅

在此久住，懷孕容易生兩男。入居後初期，做生意、經營事業時財運好、官運佳，久住諸事不順，財運不佳，在此住三代後絕。

坤宅兌門──天醫星入宅

在此久住，懷孕容易生兩男。做生意、經營事業則財運好官運佳，在此住三代後絕。

坤宅坤門──伏位星入宅

在此久住，懷孕容易生一女。

若外水局與宅主（坤宅）相生，容易生兩男。久住會諸事不順，財運不佳，在此住三代後絕。

坤宅離門──六煞星入宅

在此久住，懷孕容易生一男一女。入住前幾年，做生意、經營事業時財運好、官運佳，但是在十年內諸事不順，財運困難，貧窮艱苦，在此住三代後絕。

坤宅巽門──五鬼星入宅

在此久住，懷孕容易生兩女。如果生男，容易生病或發生事故、凶事，女主人或年紀大的女性，容易生病、諸事不順、財運困難，在此住三代後絕。容易有無形逗留。

坤宅震門──禍害星入宅

在此久住，懷孕容易生兩女。財運不佳，居住平安，在此住三代後絕。

坤宅坎門──絕命星入宅

在此久住，懷孕容易生一男，財運不佳，在此住三代後絕。

兌宅搭配門：

六	五	天
絕		兌
延	禍	生

兌宅艮門──延年星入宅

在此久住，懷孕容易生四男。做生意、經營事業則財運好、官運佳，有志竟成，努力向上，容易成功，在此住三代富貴。

兌宅乾門──生氣星入宅

在此久住，懷孕容易生一男一女。做生意、經營事業則財運好、官運佳，女主人比較容易生病。

若宅主（兌宅）生外水局，在此久住，懷孕容易生兩男一女。

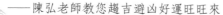
兌宅坤門——天醫星入宅

在此久住，懷孕容易生兩男。做生意、經營事業則財運好官運佳，在此住三代後絕。

兌宅兌門——伏位星入宅

在此久住，懷孕容易生一男兩女。若宅主（兌宅）生外水局，在此久住懷孕容易生兩男，財運不佳，居住平安，在此住三代後絕。

兌宅巽門——六煞星入宅

在此久住，懷孕容易生一男一女。年紀大的男性與女性容易生病、開刀，居住十年內，諸事不順，事故發生，財運困難，貧窮艱苦，在此住三代後絕。

兌宅離門——五鬼星入宅

在此久住，懷孕容易生一女。女主人或是年紀大的女性容易生病，諸事不順，財運困難，在此住三代後絕。容易有無形逗留。

兌宅坎門——禍害星入宅

在此久住，懷孕容易生一男。入住初期財運平順，在此住三代後絕。

兌宅震門——絕命星入宅

在此久住，懷孕容易生三女。若宅主（兌宅）生外水局，在此久住，懷孕容易生兩男，女性主導家中事務。

附註：後絕兩字，在古代指的是後代沒有男生，無法延續香火，但有機會生女生的。

後天派獨門絕學
──如何判斷宅主

陰陽五行基礎理論：

想判斷宅主，必須先懂基本：陰陽五行、天干地支、十二長生、六十納音、八卦、雙山與單山。

（甲）基本五行

天干：甲、乙、丙、丁、戊、己、庚、辛、壬、癸

東方甲乙屬性為木，南方丙丁屬性為火，中央戊己屬性為土，西方庚辛屬性為金，北方壬癸屬性為水

甲、丙、戊、庚、壬，為陽

乙、丁、己、辛、癸，為陰

天干對應數學的進位，可以看成是十進位

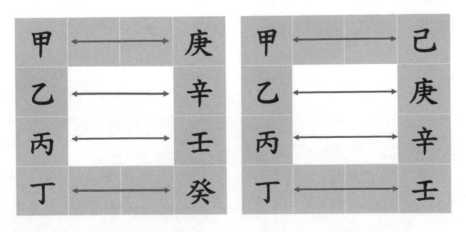

■ 圖5-16　天干沖合的示意圖

甲、庚沖；乙、辛沖；丙、壬沖；丁、癸沖；

甲己合化土、乙庚合化金、丙辛合化水、壬丁合化木

（土生金、金生水、水生木）

地支：子、丑、寅、卯、辰、巳、午、未、申、酉、戌、亥

東方寅卯木，南方巳午火，土為辰戌丑未，西方申酉金，北方亥子水

子、寅、辰、午、申、戌，為陽

丑、卯、巳、未、酉、亥，為陰

天干對應數學的進位，可以看成是十二進位

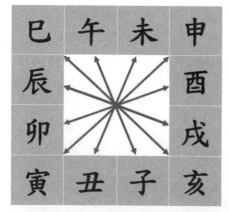 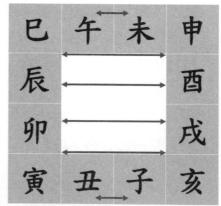

■ 圖5-17　地支沖合的示意圖

子、午沖；丑、未沖；寅、申沖；卯、酉沖；辰、戌沖；巳、亥沖

子、丑合化土；寅、亥合化木；卯、戌合化火；辰、酉合化金；巳、申合化水；午、未合化土

（乙）五行生剋

火生土、土生金、金生水、水生木、木生火

火剋金、金剋木、木剋土、土剋水、水剋火

陰陽五行需要中和，也需要平衡，不可以陽過多、陰過多，或是某一行太多，生剋制化在五術的邏輯運算中，占了很重要的角色。

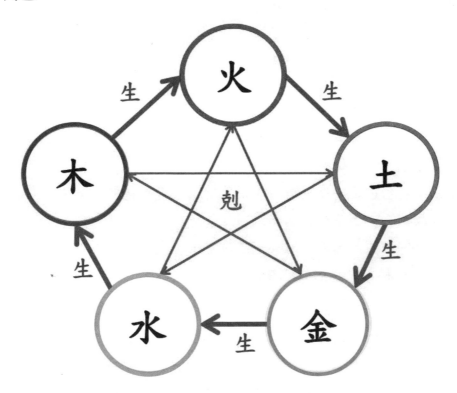

■ 圖5-18　五行生剋的示意圖

（丙）六十納音五行

中國人常說六十甲子，就是每六十年會輪一次，因為天干有十組，地支有十二組，排列組合是 $10 \times 12 = 120$ 組，但為什麼只有六十組呢？因為是陽陽配、陰陰配，天干的陽一定搭地支的

陽，天干的陰一定搭地支的陰，所以120要除2就等於60。

古時以宮、商、角、徵、羽，五音理論，經由計算可以得知六十甲子的五行，在此，因為算式太複雜，便不推導，僅把歌訣留下，大家可以直接查詢五行。

甲子乙丑海中金，丙寅丁卯爐中火，戊辰己巳大林木，庚午辛未路旁土，壬申癸酉劍鋒金。

甲戌乙亥山頭火，丙子丁丑澗下水，戊寅己卯城頭土，庚辰辛巳白蠟金，壬午癸未楊柳木。

甲申乙酉井泉水，丙戌丁亥屋上土，戊子己丑霹靂火，庚寅辛卯松柏木，壬辰癸巳長流水。

甲午乙未沙中金，丙申丁酉山下火，戊戌己亥平地木，庚子辛丑壁上土，壬寅癸卯金箔金。

甲辰乙巳覆燈火，丙午丁未天河水，戊申己酉大驛土，庚戌辛亥釵釧金，壬子癸丑桑柘木。

甲寅乙卯大溪水，丙辰丁巳沙中土，戊午己未天上火，庚申辛酉石榴木，壬戌癸亥大海水。

（丁）十二長生

十二長生：長生、沐浴、冠代、臨官、帝旺、衰、病、死、墓、絕、胎、養

十二長生，一定是十二進位

由這張圖就可以看出，十二長生在說明一個人從出生到死亡的起伏。

「胎」是母親的子宮裡受孕懷胎的階段。

「養」是母親供給胎兒營養，讓胎兒長大的階段。

「長生」是嬰兒出生了，展開人的一生的階段。

「沐浴」是嬰兒出生要洗去髒污，父母要幫孩子洗澡的階段。

「冠戴」是從可以開始自己穿衣服、戴帽子的年紀到青少年的階段。

「臨官」指的是可以參加考試的階段。考試過了可以當官。古時候應試是沒有年齡限制的，不過大多從十二至十六歲開始參加考試，現在可以轉換為十六至三十五歲開始工作，接觸社會，慢慢熟悉社會文化，以及職場和官場文化。

「帝旺」階段是當官的最高峰，也可說是工作時期的最高峰，目前大約是三十五至五十五歲左右，此時也是物極必反的時候，有可能會開始往下走。

「衰」是人生開始走下坡的階段，不管是體力、智力、心力都逐漸衰退。

「病」是身體開始有小毛病，然後有了慢性病，之後生大病的階段。

「死」是人生必經的路程，身體機能一切停止的階段。

「墓」是屍體放入棺木、葬入墳墓的階段。現代比較少有這樣的階段了，通常以直接火化居多。

「絕」是屍體放入土中開始腐化，一直到完全消失的階段。現在以直接火化居多。

再來，又會回到「胎」的階段。

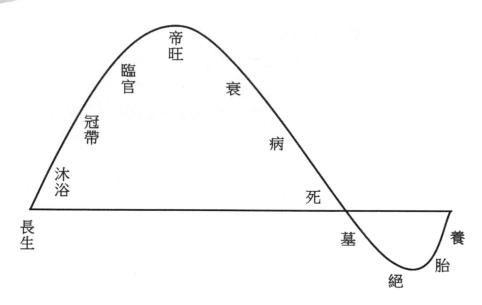

■ 圖5-19　十二長生示意圖

　　了解十二長生之後，就要知道天干的長生、天干的祿的位置

甲的長生在亥，甲祿在寅

丙、戊的長生在寅，丙、戊祿在巳

庚的長生在巳，庚祿在申

壬的長生在申，壬祿在亥

乙的長生在午，乙祿在卯

丁、己的長生在酉，丁、己祿在午

辛的長生在子，辛祿在酉

癸的長生在卯，癸祿在子

（戊）羅盤24山

　　壬、子、癸、丑、艮、寅、甲、卯、乙、辰、巽、巳、丙、

午、丁、未、坤、申、庚、酉、辛、戌、乾、亥

　　一個圓360度有24山，所以一山就是360/24＝15度

■ 圖5-20　羅盤24山示意圖

八卦五行：一卦管三山

一個卦位內有三山，所以一卦占的角度＝15度 x 3 ＝45度

乾卦——戌乾亥

在先天八卦中，代表天。

在後天八卦中，代表家中的父親，在陰陽五行中屬於陽金。

坎卦——壬子癸

在先天八卦中，代表天。

在後天八卦中，代表家中的父親，在陰陽五行中屬於水。

艮卦——丑艮寅

在先天八卦中，代表山。

在後天八卦中，代表家中的么子，在陰陽五行中屬於陽土。

震卦——甲卯乙

在先天八卦中，代表雷。

在後天八卦中，代表家中的長子，在陰陽五行中屬於陽木。

巽卦——辰巽巳

在先天八卦中，代表風。

在後天八卦中，代表家中的長女，在陰陽五行中屬於陰木。

離卦——丙午丁

在先天八卦中，代表火。

在後天八卦中，代表家中的次女，在陰陽五行中屬於火。

坤卦——未坤申-陰土

在先天八卦中，代表地。

在後天八卦中，代表家中的母親，在陰陽五行中屬於陰土。

兌卦——庚酉辛

在先天八卦中，代表澤。

在後天八卦中，代表家中的么女，在陰陽五行中屬於陰金。

■ 圖5-21　八卦與24山示意圖

雙山五行

壬子屬水、癸丑屬陰土、艮寅屬陽土、甲卯屬陽土、乙辰屬陽土、巽巳屬陰木

丙午屬火、丁未屬陰土、坤申屬陰土、庚酉屬陰金、辛戌屬陽土、乾亥屬陽金

元空五行

丙丁乙酉原屬火　乾坤卯酉金同坐　亥癸艮甲是木神
庚戌丑為土為真　子寅辰巽辛兼巳　申與壬方是水神

以上是後天派陽宅的基本元素，或許有人會問，知道這些就能判斷吉凶嗎？當然，這些只是元素，就好像九九乘法表，我們

要先學會從一數到一百，然後學會加法，才能了解九九乘法表可以如何運用。這些基本元素就相當於從一數到一百。

八卦有先天八卦與後天八卦之分，先天八卦適用於天與神，人間的事情是用後天八卦，後天八卦裡有乾、震、坎、艮；坤、巽、離、兌。

乾代表父親；震是長男；坎是次男；艮是么子

坤代表母親；巽是長女；離是次女；兌是么女

由於後天八卦是關於人世間的事，所以乾坤搭配會有夫妻一起的化學反應，不是搭配起來會乾坤大挪移的化學反應，那是小說中才會出現的。

乾震的搭配也會有不一樣的化學反應，進而產生吉凶。

了解基本的元素之後，從下一階段開始，就可以由坐向找宅主。

（己）坐向找宅主

後天派陽宅有一個非常重要、跟其他門派都不一樣的地方，那就是宅主是房屋，而不是人。有些門派是以住在房子裡的的家長當宅主，所以只要這個房子的家長搬家了，那宅主就會改變。譬如，在這個家庭中年紀最大、貢獻最多是父親，父親本命就是此房的宅主，等父親過世後，就變成母親是這個房子的宅主。

但是，以後天派而言，宅主是永遠不會變的，房子就是房子，不管是誰住進來，都會受到房子影響，不會因為誰不在這個房子或是誰在這個房子而改變房子的吉凶。

以下我就來介紹後天派陽宅怎麼找樓房的宅主。

1. 四正——坐子午向、坐丙壬向、坐甲庚向、坐卯酉向

2.四維——坐乾巽向、坐巳亥向、坐寅申向、坐艮坤向

3.變宮——坐癸丁向、坐丑未向、坐乙辛向、坐辰戌向

4.陽干坐祿變宮——坐寅甲/庚申線上、坐壬亥/巳丙線上

（一）四正、四維使用「以坐到向」、「以門到向」，運算找宅主與梯口星。找到梯口星後，使用五行生的原理，每一層往上升。譬如：運算一樓屬火、二樓就屬土，三樓就屬金，四樓屬水，五樓屬木，六樓屬火……依序上升。

（二）變宮使用十二長生來運算，找宅主與梯口星。

找到梯口星後，使用五行生的原理，每一層往上升。譬如：運算一樓屬火、二樓就屬土，三樓就屬金，四樓屬水，五樓屬木，六樓屬火……依序上升。

（三）陽干坐祿變宮，一樓由坐向決定宅主，梯口星由宅主與通往二樓門的方位運算得知。

找到梯口星後，使用五行生的原理，每一層往上升。譬如：運算一樓屬火、二樓就屬土，三樓就屬金，四樓屬水，五樓屬木，六樓屬火……依序上升。

請容我再次強調，以上的方式只適用於「樓房」的宅主，靜宅（平房）——給人使用、神（宮廟）——給神、佛、仙使用、工（工廠、整體建築）——給人使用、風（陰地）——給亡者使用，都不是用樓房的方式找宅主，它們各自有各自的運算方法，一定不能交換使用。就像數學的理論，代數公式、微積分公式、幾何公式、統計公式、機率公式等絕對不能混用。

如何判斷房屋的整體吉凶

　　後天派陽宅中，最重要的就是所有的門、廁所和廚房的位置。當然，首先要看的就是一樓的大門，再來才是住家的大門，因為門就是氣口。

　　若以人體來比喻，如果房子代表一個人的身體，大門就是鼻子，是呼吸的地方，非常重要，可說占一間房子五〇％以上的吉凶。

　　再來就要看廚房與廁所是不是在凶方位。如果廚房和廁所在吉方，久而久之就會慢慢影響身體器官，或是人的行為以及財富。

　　以辦公室和工廠來說最重要的是人的位置。要把主事者、員工放在吉方的位置，公司的營運才會比較順利，而且比較容易招到好人才，人才也會待得比較久。

　　（甲）如何判斷大門吉凶

　　後天派經由八卦計算後，論斷房子的吉凶，一共有四個吉星會入宅，還有四個凶星會入宅。

　　吉星分別是延年星、生氣星、天醫星（又稱文昌星）、伏位星

　　凶星分別是六煞星、五鬼星、禍害星（又稱借走）、絕命星

　　延年星是財星，也是延年益壽星

　　生氣星入宅不代表容易生氣，而是表示活潑、很有活力

天醫星入宅：小孩比較會讀書，住在裡面比較容易遇到貴人。

伏位星入宅：是平安小財之星，除了巽宅巽門，其他就是平安順利，住久財務不順。

五鬼星：脾氣比較暴躁、破財，容易有火災。

六煞星：比較容易賭博、喝酒，也屬於才星，會有具文采者。

禍害星：又稱借走星，表示入住的前幾年是好的，會有財，但過些時日就會慢慢衰敗。

絕命星並不表示會去世，它的意思是很容易生女孩，表示絕後、沒有同姓的後代，但並不代表無法懷孕。在現代的社會，女兒比兒子值錢，以對應的宅而言，絕命星已不算是凶星，絕命星在某些行業也是很適合的，並非凶星。

（乙）廚房和廁所的位置

廚廁的位置也會影響房子的吉凶，因為廁所是汙穢的地方，擺在哪裡非常重要。如果擺在文昌位，那小孩就不太會唸書，如果擺在天醫位，家裡的人就會比較容易生病。

廚房有時候是殺生的地方，譬如，買活蝦回來煮就算是殺生了。所以廚房的位置也是非常重要的，這位置也會影響生育，包含生男或生女，放在不同的卦位，就會有不一樣的影響。

（丙）如何判斷格局對身體的影響

我們會用宅主、門、廚廁壓的卦位置，加上內五行來判斷影響身體的哪一個器官或哪一個系統。

不過某一行過多，或是陽過多，或是陰過多。陰陽需調和，五行需平衡。

（丁）住家是否缺角？

若缺角，是缺東方、西方，南方，還是北方、東南方、西南方、東北方、西北方，方位不同，對陽宅風水造成的影響也不一樣。

（戊）再確認住家是否有排水到外面，譬如，排到水溝裡面。當然，現在大部分家庭都是設置暗管，直接流到排水道，就不用理會這對住家是否有影響。但是，有些住家，尤其是位在一樓的家庭，還是會有水排到屋外，並且會看到水從排水管流出的景象，這個時候就要考慮放水對家裡的影響。

（己）確認自家的水局是否跟宅主相生、相同，如果是相剋則不容易發達。

（庚）確認屋外煞，是否有池塘、有尖斜角對到住宅。

（辛）確認祖先牌位、佛桌、神桌，應放在對應屋主的正確方位。

（壬）如果屋內需要修建，要確認修建之地是否犯了該年的太歲，如需搬新家，則需擇日、擇時再搬家入住。

（癸）確認住家長度是否超過十六公尺，如超過十六公尺，則需運步。

我們會由以上這十點來看房子最主要的吉凶，以及房子對居住者的影響。所以父親常說，後天派理論需要多用心去理解，多花時間去體認，使用這套學問，一定要謹慎小心，並且反覆確認，一不小心用錯，不但會讓人家破人亡，也會有損陰德。

後記

　　能夠撰寫本書，我最想感謝的人就是我的父親。經過他十多年來的教導，我深深明瞭後天派陽宅的理論。而在十多年的陽宅堪輿路上，父親也經常指正我，讓我知道自己還有許多要學習的地方。

　　此外，也要感謝我的父母支持我留下文字紀念師公，把師公一家人的故事寫進這本書。

　　同時，也要感謝我的太太和兩個小孩給我的精神支柱。還有謝謝家父的其中的一位學生——廖志穎，提供自身家族受後天派影響的故事，以及其他多方面的協助。

　　最後，還要謝謝買這本書的讀者，希望這本書可以讓大家在購屋時，有一些基本的方向和觀念可以遵循。

　　若大家看了書之後有任何的意見或反饋，都可以利用Line與我聯繫，在陽宅堪輿的路上，還有很多值得挑戰、學習的地方，我會不斷精進自己的能力，也希望以後有緣分跟大家結善緣。

以下是我的粉絲專頁

陳弘風水老師 - 師承家父後天派胡海陳紀瑞建築師

https://www.facebook.com/chen168/

後天派陽宅風水

https://www.facebook.com/houtianpai/

後天派陽宅 - 胡海陳紀瑞建築師的FB社團

https://www.facebook.com/groups/ChenYUCHIH/

如果有任何問題，歡迎加入陳弘的Line

Line ID: @ijf3511q

國家圖書館出版品預行編目(CIP) 資料

後天派陽宅風水：陳弘老師教您趨吉避凶好
運旺旺來 / 陳弘著. -- 初版. -- 新竹縣竹
北市：方集, 2019.08
　面；　公分

ISBN 978-986-471-233-5 (平裝)

1.相宅

294.1　　　　　　　　　　　108009678

後天派陽宅風水
—— 陳弘老師教您趨吉避凶好運旺旺來

陳　弘　著

發 行 人：蔡佩玲
出 版 者：方集出版社股份有限公司
地　　址：302 新竹縣竹北市台元一街 8 號 5 樓之 7
電　　話：(03)6567336
聯絡地址：100 臺北市重慶南路二段 51 號 5 樓
聯絡電話：(02)23511607
電子郵件：service@eculture.com.tw
出版年月：2019 年 09 月　初版二刷
定　　價：340 元

ISBN：978-986-471-233-5 (平裝)

總經銷：易可數位行銷股份有限公司
地　　址：231 新北市新店區寶橋路 235 巷 6 弄 3 號 5 樓
電　　話：(02) 8911-0825　　傳　真：(02) 8911-0801